JN063921

心理学ことはじめ

［第2版］

― 教養と対人支援のための12章 ―

橋本和幸 著

ムイスリ出版

第2版にあたって

　2013年にムイスリ出版営業部の橋本有朋課長が、私の研究室を訪ねてきて執筆を勧めてくれたことから刊行された「心理学ことはじめ」が、おかげさまで一定数売れたということで、増刷のお話をいただきました。

　しかし、初めての単著ということで、いろいろと至らぬことがあることが気になっていたので、無理をお願いして増刷ではなく改訂をして書き直させてもらいました。

　おかげさまで想定したものができましたが、心理学の領域は本当に広いものなので、最終的にまとめるまでにはずいぶん時間がかかってしまいました。

　今回も本来の締め切り過ぎてしまいました。根気強く待ってくださったムイスリ出版の皆様に感謝いたします。いつもありがとうございます。

　さて、この本は、「対人支援」を意識したものになっています。対人支援とは、医療従事者・教員・介護職者などが行う仕事です。これらの職種には、相手（当事者側）だけではなく、自分（支援者側）の心の中で起きることを理解することも必要です。そこでこの本では、人間の心についての基礎的な考え方と実践的な例を説明しています。

　具体的には、第1章で心理学が扱う領域と歴史について、第2章から第7章、第9章から第10章で基礎的な領域、第8章、第11章、第12章で応用的な内容を説明しています。各章はバラバラに存在しているわけではありません。関連が深いテーマは、複数の章に繰り返し出てきます。

　しかし、心理学は研究されている領域が幅広く、1つひとつの領域も奥深いものです。このため、この本では説明しきれていないことも多々あります。そこで、興味・関心を持ったことは、ぜひ他の書籍などでも調べてほしいと思います。

　2020年3月

橋本和幸

目次

第 1 章　心理学の領域

　心理学とは、「心」を扱う学問です。近年、心理学は、大学等の授業ではもちろん、社会人向けのセミナー等でも人気の科目となっています。

　この章では、そんな心理学が具体的にどのようなことを扱っている学問なのかを紹介したいと思います。

1.1　心理学で学べること

　心理学は様々な領域に広がっています。一例として、日本心理学会が認定する認定心理士についてみます。

　この資格は、「心理学の専門家として仕事をするために必要な、最小限の標準的基礎学力と技能を修得している」と日本心理学会が認定した人が取得できる資格です。資格を取るために大学で履修すべき科目として、基礎科目 3 領域と選択科目 5 領域が設定されています（日本心理学会, 2014）。

(1)基礎科目

　基礎科目には、心理学概論、心理学研究法、心理学実験実習の 3 科目が設定されています。それぞれの概要は次の通りです。

1 ）**心理学概論**：心理学を構成する主な領域に関し、バランスのとれた基礎知識を備えるための科目です。領域全体で、知覚・認知・学習・記憶・言語・思考・人格・動機づけ・感情・発達・社会・行動など、心理学の基礎分野の内容を満たします。

2 ）**心理学研究法**：心理学における実証的研究方法の基礎知識を備えるための科目です。

3 ）**心理学実験実習**：心理学における実験的研究の基礎を取得するために、心理学基礎実験・実習を行います。

　つまり、基礎科目では、1）で心理学の全般的な知識や概要を学び、2）と3）で、実験的方法で知覚・認知・社会などの基本的な内容の課題を試行して報告することを学びます。

　次の 1.2 節で、2）と3）、つまり心理学の研究方法を紹介します。

(2)選択科目

　選択科目では、心理学を内容に応じていくつかの領域に分けて、それぞれを詳細に学ぶようになっています。具体的には、「知覚心理学・学習心理学」「生理心理学・比較心理学」「教育心理学・発達心理学」「臨床心理学・人格心理学」「社会心理学・産業心理学」という 5 領域が設定されています。

　1.3 節で選択科目に設定されている各領域を簡単に説明します。

1.2　心理学の研究法

　心理学では、心の状態を知るために研究を行います。研究の方法には、**観察法**、**実験法**、**テスト法**という方法が用いられます。具体的には、次のような方法で生体（ヒトや動物）の心を調べます。

(1)観察法

　ヒトや動物が一定の場面において、どのような表情、態度、言語、動作などをあらわすか、他の人が観察する方法です。離れたところで観察する方法と、関与しながら観察する方法があります。

　対象の生活全てを客観的に観察することは不可能なので、ある部分を切り取って観ていることを考慮する必要があります。

【観察法の例】

① **活動に参加せずに観察する方法**：授業を行っている教室に入って、教師と児童・生徒がどのようなやり取りを行っているかを確認する。

② **活動に参加しながら観察する方法**：遊具のある部屋に幼児とともに入り、一緒に遊びながら起きる発話や行動を観る。

（2）実験法

　計画的に条件を定めて、その条件によって特に起こる行動やその変化など
を観察し、記録する方法です。実施の際には、出来るだけ厳密に条件を定め
ます。

　多くの場合、一定の条件を変化させる実験群と、条件を変化させない統制
群をつくり、両者の結果を比較します。

【実験法の例】

① **ストループ効果**：「赤」「緑」などの色名を表す文字を、色名と同じイン
　クで書いたカード（一致条件）と、色名と異なるインクで書いたカード
　（不一致条件）を用意して、それぞれを提示した時の解答時間を比較す
　る。
② **鏡映描写**：鏡に映った図形の像を見ながら、その図形をできるだけ速く、
　かつ正確にたどる実験。第3章の技能学習の研究に用いられる。

（3）テスト法

　あらかじめ用意された質問項目を使って、人の心を知ろうとする方法です。
一度に複数の対象者に実施できる集団検査や、1対1で実施する個別検査な
どがあります。性格や知能などパーソナリティ全般を調べることが出来ます。

　分析は、あらかじめ決められた採点方法で算出した得点を、様々なグルー
プ（例：男女、学年、学校種、職業、出身地など）と比較します。

　テスト法の利点は、面接法や観察法に比べて時間とお金がかからず、対象
者の負担も軽く、データを集められることです。

【テスト法の例】

① **質問紙法**：印刷された質問文に対して、「はい／いいえ」等の選択肢に
　沿って回答させる検査。
② **投影法**：1枚の絵などの漠然とした課題を与えて、そこから出てくる反
　応を見る検査。

---

(4)その他の研究方法

　この3つの方法以外にも、インタビュー調査での語りを分析する方法や、文学作品や手紙など書き残された文章から、その当時の心の様子を分析する方法もあります。

1.3　心理学の代表的な領域

　心理学の代表的な領域について、1.1 節で例に挙げた認定心理士資格取得のための選択科目を分類の参考にしながら、それぞれの概要を辰野他(1986)などを用いて説明していきます。

(1)知覚心理学・学習心理学

　知覚心理学は、身体の受容器が身体内外の刺激を受け入れて、神経信号に変換される過程で生じる心的体験を研究する領域です。

　学習心理学は、一定の経験によって行動が永続的・進歩的な変容をすることを研究する領域です。行動には、知識、理解、技能、態度なども含まれます。

　この領域のテーマには、感覚心理学、認知心理学、思考心理学、言語心理学、感情心理学、認知科学、行動分析学なども含まれています。

(2)生理心理学・比較心理学

　生理心理学は、呼吸・循環・神経の働きなどの生命現象が、どのようなメカニズムで行われるかを研究する生理学との関連が深い領域です。具体的には、行動の生理学的基盤、あるいは心理現象と生理現象の間の関係を研究します。心理学の中では歴史が長く、実験的なアプローチで研究されています。

　比較心理学は、人間を含めた動物の行動を系統発生的に比較研究することによって、行動の法則性と種の特異性（例：人間と猿は、どこが同じでどこが違うのか）を研究する領域です。行動を遺伝と環境の両側面から研究します。

この領域のテーマには、動物心理学、比較行動学、神経心理学、精神生理学も含まれています。

(3)教育心理学・発達心理学

教育心理学は、教育の問題を心理学的に研究して、教育を科学的・合理的に行い、能率を高めようとする領域です。内容は、発達、学習、パーソナリティと適応、測定と評価の4領域が大きな柱とされてきました。これに、学級社会、障害児、教員、教科、教授、生徒指導、教育相談などが研究テーマに加えられています。

発達心理学は、生体について受精卵の発生から死に至るまでの量的・質的変化を研究する領域です。これにより変化の法則性を明らかにして、人間の健全な発達について知ることを目指します。発達段階に応じて、乳幼児心理学、児童心理学、青年心理学、老年心理学という領域に分けた研究もされます。

この領域では、教授心理学、発達臨床心理学、学校心理学、教育評価なども扱われます。

(4)臨床心理学・人格心理学

臨床心理学は、心理的に不適応状態にある人を支援する方法を、理論的かつ実践的に探る領域です。適応と不適応を判断する基準の研究、アセスメントの研究、心理療法の研究の3本柱で成り立っています。

人格心理学は、性格の構造、形成、測定、診断などについて研究する領域です。人格は、原語のパーソナリティや性格という言葉も用いられます。この領域は、臨床心理学の基準研究やアセスメントとの関係が密接です。

この領域のテーマには、健康心理学、異常心理学、精神分析学、教育相談、犯罪心理学なども含まれています。

(5)社会心理学・産業心理学

社会心理学は、他者という個人から家族・学校・職場という集団、国や文化という大きなものまで様々な社会的な環境が、人間の行動や意識に与える

影響を研究する領域です。

　産業心理学は、産業活動に心理学を応用したり、心理学的な問題の有無を検討して改善を目指したりする研究をする領域です。例えば、作業の能率、人間関係、産業適性、広告などを取り扱います。

　この領域では、組織心理学、グループダイナミクス、文化心理学、コミュニティ心理学なども扱われます。

1.4　心理学の歴史

(1)哲学的アプローチ
1)古代ギリシャ時代から中世にかけて

　心理学という学問の始まりは、19 世紀にドイツの**ヴント**(1832-1920)がライプチヒ大学で心理学研究室を開設したことが有名ですが、それ以前にも心について考えられてきていました。過去をさかのぼっていくと、哲学と結びつきます。

　具体的に言えば、古代ギリシャの哲学者**ソクラテス**(469-399B.C.)、**プラトン**(427-347B.C.)、**アリストテレス**(384-322B.C.)などが、魂というものを想定して人の心について論じています。このうち、アリストテレスが著した『霊魂論』は、世界で最初に体系的に心理を論じた書物であるとも言われています。アリストテレスは、魂と身体を一元的にとらえています。

　その後、ヨーロッパ中世にかけては、アリストテレスの魂論の影響が強かったり、自分自身について内省することで心を知るという方法が採られたりしていました。

2)17 世紀から 18 世紀にかけて

　17 世紀になると、哲学における論理的思考を重んじる**合理主義**と、経験したことを根拠に認識や知識を組み立てる**経験主義**の影響を受けた心の見方がされました。

　合理主義の代表は、フランスの哲学者**デカルト**(1596-1650)です。思考能力

を重視する中で、脳にあって実体を持たない心と、実体を持つ身体をはっきりと分ける、心と身体の**二元論**を採りました。そして、観念は生得的に持っていると考えました。この結果、心の見方に長く影響を与え続けてきたアリストテレスの一元論から離れることになりました。

イギリスの**ロック**(1632-1704)は、経験主義の立場から、知識や観念は、感覚器官を通して得られる経験や内省によって、白紙状態の人間の心に書き込まれていくと考えました。

ロックとその後を受けたバークリーやヒュームらが、経験主義に基づいて、精神現象を経験によって発生した観念と観念が結びついたもの（連合）と考えました。このような考え方は**イギリス経験論**と呼ばれ、18世紀から19世紀前半に、その中の連合主義が心の見方に大きな影響を与えました。

ここまでの心の研究は、科学的な手法ではなく、思索という哲学的方法で行われるものでした。

(2)科学的手法による心の研究
1)生理学の影響

19世紀の生理学の発展も心理学に影響を与えました。例えば、フルーランが脳の特定部位と特定の行動機能との関係の研究、フランスのブローカ(1824-1880)による発話に関係した脳の部位の特定をはじめとする脳の部位と行動との関係の研究や、ドイツのヘルムホルツ(1821-1894)の網膜の神経の研究などが挙げられます。

2)実験心理学

19世紀後半になると、ドイツの**フェヒナー**(1801-1887)や**ヴント**が、生理学の影響を受けて、精神現象を実験的方法によって研究しようとしました。

ヴントは研究対象を直接体験に置きました。直接体験を「意識」といい、これを内観によって心的要素に分析し、その心的要素がどのように結合しているかで精神現象を明らかにしようとしました。その方法は、実験的に条件を整えて刺激を与え、その時に直接経験する意識を調査協力者本人に観察さ

せることでした。そして、観察の報告に基づいて、心理学的法則を打ちたてようとしました。ヴントの心理学研究室開設を心理学の始まりとするのは、現在にも通じる科学的方法で心理学の研究を論じ始めたからです。

3)実験心理学への批判

　しかし、この方法には次のような批判がありました。

　まず、人の精神現象を、実験的条件で測定された細かい心的要素を基礎に組み合わせたものとしていますが、日常に起こる心の働きは、このような細かい条件を単純に積み重ねたものではないという指摘がありました。

　次に、実験は場面や環境などの条件が限定されているため、日常生活の中で起こりうる複合的な（込み入った）状況での心理状態は測定しきれないのではないかという指摘もありました。

　このような理由で、実験心理学のやり方では、「いきいきとした活動的な心的活動は理解できない」との批判が起きました。批判から生まれた考え方の 1 つが、**機能主義**でした。これは、人の行為を刺激と反応というバラバラの要素に分解してしまうと、その行為の意味がわからなくなってしまう恐れがあるので、1 つのまとまりとしてみる必要があると考えました。

1.5　最近の心理学の主軸

　実験心理学以後に様々な心理学の考え方が生まれる中で、20 世紀の前半に現代の心理学の主軸となる考え方が生まれました。それは、精神分析学、行動主義、ゲシュタルト心理学、人間性心理学です。

(1)精神分析学

　精神分析学は、オーストリアの精神科医**フロイト**(1856-1939)が、臨床事例研究から得られた幼児期の体験と神経症症状との関係と、そのような幼児体験を口に出すことで問題が軽減あるいは除去されるという分析結果から始まったものです。この理論では、心を自分で気づいている意識と自分が気づい

ていない無意識に分けて考え、無意識の働きを重視します。

(2)行動主義

　行動主義は、客観的に観察可能な行動を重視する考え方で、アメリカの**ワトソン**(1878-1958)らによって提唱されました。行動を**刺激**と**反応**(S-R)でとらえ、複雑な行動もその連鎖で説明しました。

　その後、研究する行動が人間の心理全体をとらえられていないという批判を受けた結果、アメリカの**ハル**(1884-1952)らによって、刺激と反応の間に生体の要求や習慣という直接観察できない要素を設定する、新行動主義が提唱されました。

(3)ゲシュタルト心理学

　ゲシュタルト心理学は、ドイツの**ウェルトハイマー**(1880-1934)が行った知覚実験が始まりとされています。ウェルトハイマーは、人が経験する現象はバラバラの刺激が集まった総和ではなく、1 つのまとまりをもったもの（これを**ゲシュタルト**という）として知覚されると主張しました。このように、全体性を重視する考え方は、やがて知覚実験だけではなく、性格など他の領域でも研究が行われるようになりました。

(4)人間性心理学

　人間性心理学は、精神分析学と行動主義の偏りを批判して、人間をより全体的で生き生きとした存在としてとらえようとしました。代表的な研究者は、アメリカの**ロジャーズ**(1902-1987)や**マズロー**(1908-1970)です。

(5)まとめ

　それぞれの学派単体では複雑な人間の行動や内面を説明しきれていません。そこで、学派により考え方の違いはあっても、おおむね共通する点を見出して、それぞれの学派の理論的な弱点を補って心を説明しようとします。その共通点は、①環境への適応、②全体性、③客観性、④意識と無意識を念頭に

置くこととされています（辰野,1996）。

　心理学には、こうした視点に基づいて、現代社会の様々な問題を説明し解決できるような研究知見が得られることが期待されています。

第2章　性格

性格は、個人の行動に一貫性や独自性を与えるもので、個性と言われる個体差をつくり出す心の働きのことをいいます。性格は行動の情意的な側面を表すものです。性格に似た言葉に**気質**があります。気質はその個人が持つ遺伝的素質や生理的特質を指すものです。

この章では、性格の分け方、理論、記述方法について見ていきたいと思います。

2.1　性格とは

性格には、遺伝により生得的に決まっている部分と、環境により経験的に形作られる部分があると考えられています。

中核に気質があり、その上に親子関係やきょうだいとの関係で作られる層が出来ます。さらに、子ども同士による集団生活での影響の層が積み重なり、児童期・青年期以降は社会的価値観、性役割、様々な社会的役割が加わって、思考や行動の個体差が生まれると考えられています（図2.1）。つまり、性格は生得的な要素よりも育ちの中で身に付いた部分が多いと考えられます。

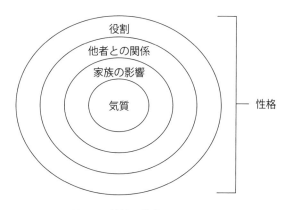

図2.1　性格の構成

　また、性格を構成する要素は多様なので、ある程度基準を設けて整理しないと把握しきれません。そうした基準の1つに**類型論**と**特性論**があります。

2.2 性格の分類

(1)類型論
1)概要
　類型論とは、性格をいくつかのタイプに分類し、人々をそのタイプのいずれかに当てはめて、共通点や相違点を見ていこうという考え方です。古くは、古代ギリシャの**ヒポクラテス**(460-377 B.C.)が、人間の体内にあると想定した4種類の体液の量に個人差があるとしました。それにより気質に個人差ができると、ローマ帝国の医師**ガレノス**(130-200)が想定しました（表2.1参照）。

表2.1　ガレノスの類型論

多い体液	気質	特徴
血液	多血質	陽気
粘液	粘液質	冷淡
黒胆汁	憂うつ質	哀愁
黄胆汁	胆汁質	短気

　類型論の長所は、個々人の行動や考え方の特徴を分類しやすいことです。一方、短所は、多種多様な個性を持っている人間を、特定の少数のタイプに分類するため、切り捨てられてしまう特徴が多々あることです。
　この本では、類型論の代表例としてクレッチマーとユングの類型論を紹介します。

2)クレッチマーの類型論
　ドイツの精神医学者**クレッチマー**(1888-1964)は、精神疾患の診察と治療を行う中で、精神疾患の発症と体型に一定の関係があるのではないかと考えま

した。そこで、まずクレッチマーは、体型をやせてひょろ長い細長型、ずんぐりした肥満型、がっちりした筋骨型に類型化しました（図2.2参照）。

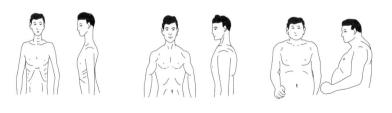

a. 細長型　　　　　　b. 筋骨型　　　　　　c. 肥満型

図2.2　クレッチマーによる体型の分類

　そして、クレッチマーは、この3つの体型と当時主要な精神疾患と考えられていた統合失調症、双極性障害（躁うつ）、てんかんと体型の関連をまとめました。この結果、双極性障害は肥満型に、統合失調症は細長型に、てんかんが筋骨型に多いことを見出しました。

表2.2　クレッチマーによる気質の特徴（Kretschmer, 1955）

分裂気質	第1群	基本特徴	非社交的、静か、控え目、まじめ
	第2群	過敏性	臆病、恥ずかしがり、敏感、感じやすい、神経質、興奮しやすい
	第3群	麻痺、鈍感、自発能力の減退	従順、気立てが良い、正直、落ち着きがある、鈍感
循環気質	第1群	基本特徴	社交的、善良、親切、温厚
	第2群	躁状態	明朗、ユーモアがある、活発、激しやすい
	第3群	うつ状態	寡黙、平静、陰うつ、気が弱い
粘着気質	第1群	基本特徴	静かでエネルギッシュ、几帳面、硬い
	第2群	粘着性	くそまじめ、馬鹿丁寧、回りくどい
	第3群	爆発性	自己主張をする、興奮すると夢中になる、激怒しやすい

　クレッチマーはその後、精神疾患だけではなく、性格と体型との間にも関係があるのではないかと考えました。そして、正常な人でも統合失調症や双極性障害のような特徴を弱いながらも持っていると考えて、分裂気質、循環気質、粘着気質と名づけました。調査の結果、細長型は分裂気質、肥満型は循環気質、筋骨型は粘着気質との関連が強いとしました。それぞれの気質の特徴は、表 2.2 の通りです。

3)ユングの類型論

　スイスの精神科医**ユング**(1875-1961)は、態度と心理的機能の 2 つで性格を分類しました。

　まず**態度**は、心の中にある生命的エネルギーの向け方による分類で、内向型と外向型の 2 種類があります。

　内向型は、自分自身に目を向けて、主観的な判断基準で行動をとるタイプです。つまり、他人や世間一般がどのように考えるかではなく、自分がどのように感じたり考えたりしたかを大切にします。

　外向型は、周囲の期待、世間の動き、自分自身が置かれている状況のような自分の外側の条件をよく把握して、それを基準に行動するタイプです。つまり、状況に合わせて適応することを大切にします。

　そして、**心理的機能**は「思考」「感情」「直観」「感覚」の 4 つに分類しました。この 4 つの機能は、普通はどれか 1 つだけが発達するとされています。

　思考は論理的に判断することです。**感情**はそれを受け入れるか拒絶するかという観点で判断することです。ともに判断機能で合理的な働きをします。

　直観は目の前のものを一瞬とらえただけで、その全体や裏側までとらえようとします。**感覚**は五感を用いた細かい観察から物事をとらえようとします。ともに説明が難しい非合理的な機能です。

　内向ー外向と 4 つの心理的機能を組み合わせて、表 2.3 のように 8 パターンの性格に分類できるとされています。

表2.3　ユングの性格類型（Jung, 1921）

心理的機能 ＼ 態度	外向	内向
思考	**外向―思考型** 客観的事実から導かれる現実的思考	**内向―思考型** 主観的な理念に影響される抽象的思考
感情	**外向―感情型** 環境に順応し、調和する現実的感情生活	**内向―感情型** 外界との交流を求めない、深い内的感情世界
感覚	**外向―感覚型** 客観的事実をそのまま受け取る感覚が発達している	**内向―感覚型** 外界からの刺激によって引き起こされる主観的世界への没入
直観	**外向―直観型** 外的な実在の世界に可能性を求める客観的独創性	**内向―直観型** 内面の心象世界に可能性を求める主観的独創性

(2)特性論
1)概要

　特性論は、人の性格を複数の性格特性が集まったものと考えます。性格特性とは、様々な状況で一貫してあらわれる行動傾向です。各性格特性の強弱を確かめて、その組み合わせから個々人の性格の違いを理解しようとします。

　特性論の長所は、人の性格をA型、B型、C型のようにどれか1つのタイプに分けないので、細かい特徴まで見ることが出来ることです。

　一方、短所は、各特性をどれだけ持っているかの説明だけに終始すると、個人の全体像や独自性が把握しにくくなることです。

2)オールポートの分類

　アメリカの**オールポート**(1897-1967)は、特性には多くの人々が共通に持つ共通特性と、ある個人だけが固有に持つ個別特性があると考えました（図2.3

参照)。共通特性は心理検査で、個別特性は事例研究で、それぞれとらえられるとしています。

			宗教的		非宗教的
一般的人格特性	態度	対価値	政治的		非政治的
			芸術的		非芸術的
			経済的		非経済的
			理論的		非理論的
		対他者	社会的知能上 (如才なさ)		社会的知能下
			愛他的 (社会的)		自己的 (非社会的行動)
			群居的		独居的
		対自己	自負的		自卑的
			自己客観的		自己欺瞞
	表出的		外向的		内向的
			持続的		動揺的
			拡張的		縮小的
			支配的		服従的
心理的生物的基礎	気質		感情強		感情弱
			感情広		感情狭
	知能		機械的知能上 (実際的)		機械的知能下
			抽象的知能上 (言語的)		抽象的知能下
	身体状況		活力大		活力小
			健康良		健康不良
			容姿整		容姿不整

図2.3　オールポートの心誌

3)キャッテルの分類

　イギリスの**キャッテル**(1905-1998)は、性格の特性には、外部から直接観察できる表面特性と、深い部分にある根源特性があると考えました。キャッテ

ルは、因子分析という統計的手法を用いて、12個の代表的な根源特性を挙げました（図2.4参照）。

躁うつ病	－	分裂気質
一般的精神能力	－	知能欠如
情緒安定性	－	神経症的情緒不安定性
支配性・優越性	－	服従性
高潮性	－	退潮性
積極性	－	消極性
冒険的躁うつ性気質	－	退嬰的分裂性気質
敏感で小児的・空想的情緒性	－	成熟した安定性
社会的に洗練された教養のある精神	－	粗野
信心深い躁うつ性気質	－	偏執性
ボヘミアン風の無頓着さ	－	月並みの現実主義
如才なさ	－	単純さ

図2.4　キャッテルの根源特性

4)ビッグファイブ理論

　コールドバーグらの研究で、性格の基本因子は大きく5つにまとめることができるという見方が有力になりました。この基本的な5因子を**ビッグ・ファイブ**といいます。研究者によってその内容や名称が微妙に異なりましたが、多くの研究で繰り返し出てくるものが、**神経症傾向、外向性、開放性、協調性、統制性**とされています。この5因子それぞれの特徴は、表2.4のようにまとめられます（辻,1998など）。

表2.4 ビッグ・ファイブの各5因子の特性

次元		高	低
神経症傾向 N	Neuroticism	危険に敏感。慎重	危機に動じない。鈍感
外向性 E	Extroversion	積極的。刺激を求める。活動的	控え目。刺激を求めない。物静か。臆病
開放性 O	Openness to experience	遊び心。好奇心	平凡。堅実。着実。権威や伝統にしがみつく
協調性 A	Agreeableness	共感性。思いやり。他者と協調する	自分の独自性を押す。他者に冷淡、敵意を持つ
統制性 C	Conscientiousness	意志が強い。勤勉。強迫的	衝動的。ありのままを受け入れる。飽きっぽい、浪費家

2.3 性格の発達を説明する理論

(1)精神分析学

オーストリアの精神科医**フロイト**(1856-1939)が提唱した精神分析学では、人の心をイド（エス）、自我、超自我から成ると説明しています。

イド（エス）は、リビドーという心的エネルギーを貯蔵して、欲求や衝動（〜がしたい、〜がほしい）を生み出します。外的現実を無視して欲求が満たされることを求めます（快楽原則）。

超自我は、幼少期の両親のしつけが心の内に定着したもので、良心や理想（〜してはいけない、〜しなければいけない）に基づいて社会的規範から外れることを防ぎます。超自我は、イドの欲求を自我に上げるかどうかを判断します（超自我の検閲）。

自我は、現実に適応するために、イド、超自我、外的現実の調整を担います（現実原則）。調整に失敗すると不安が生じ、様々な心理的問題の原因となります。

つまり、人の行動や思考は、自我がイド、超自我、外的現実にさらされながら、三者のバランスを取って決められます（図2.5 参照）。

図2.5　心的装置のイメージ

　なお、イドは無意識（自分で気づいていない部分）に存在します。一方、
自我と超自我は、無意識と意識（自分で気づいている部分）に存在します。
自我の大部分は意識的に働きます。

（2）自己理論

　アメリカの**ロジャーズ**(1902-1987)は自身の臨床経験から自己理論を提唱
しました。自己理論では人の性格を、**自己概念**と**経験**およびその重なり方か
ら説明します。
　自己概念は自分自身に対する見方です。例えば、「私は○○である」「私は
○○をしたい」「私は○○であるべきだ」と考えることです。自己概念は、家
庭、学校、社会の中での評価や他者とのやり取りによって作られたものです。
　経験は人が体験した感情や感覚のことで、絶えず変化しています。
　自己概念を柔軟に変化させ、経験を意識化することができれば、自己概念

と経験が重なる（一致する）部分が広くなり、適応的な性格になります。

　自己概念と経験が重なっていない（不一致）部分は、歪曲と否認に分けられます。図 2.6 の左側の領域を「歪曲」といい、実際は体験していないけれども、事実であると思い込んでいる自己概念のことを指します。一方、図 2.6 の右側の領域を「否認」といい、実際に体験したけれども、自己概念と合わないために無視されている体験のことを指します。

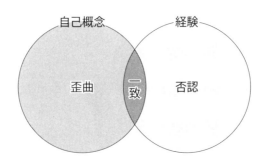

図2.6　自己概念と経験の関係

　ロジャーズが目指した自己概念と経験の一致のためには、自己概念を広げることが早道です。自己概念を広げるためには、他人との関わりをたくさん持って、多くのフィードバックをもらうことが有効です。他者から受けるフィードバックは、自分の様子を映す鏡の役割を果たします。

2.4 性格を測定する検査

性格を測定する検査は**パーソナリティ検査**といい、欲求、態度、情緒的特徴、不安などの心理的性質がわかります。質問紙法と投影法に大別できます。

(1)質問紙法
1)概要
質問紙法とは、印刷された質問文に対して、「はい／いいえ」や、「1（あてはまらない）、2（どちらでもない）、3（あてはまる）」といった選択肢に沿って回答させる検査です。検査を受ける人が自分で回答を記入していく自己評定法で、主に検査を受ける人の意識レベルを評定するものです。

長所は、配付や教示が簡便なため多数の対象者に同時に実施できることや、結果の整理や判定が容易であることなどが挙げられます。また、質問項目と選択肢があらかじめ定められているので、客観性が高い検査になっています。

短所は、質問が用紙に記載され、どういったことを聞かれているか明確なため、回答を意図的に操作できることです。

2)主な質問紙法検査
①MMPI（ミネソタ多面的パーソナリティ検査）
550問の質問に対して、「はい」「いいえ」「どちらでもない」で回答させる検査です。9つの臨床尺度（心気症尺度、抑うつ尺度、ヒステリー性尺度、精神病質的偏倚尺度、性格尺度、偏執性尺度、精神衰弱尺度、精神分裂病尺度、躁病尺度）と、4つの妥当性尺度（回答に嘘がないかを判別するもの。Question尺度、嘘構尺度、妥当性尺度、修正尺度）からできていて、人格特性を多面的に把握することを目指します。

②Y-G（矢田部・ギルフォード）性格検査
120項目の質問に、「はい」「いいえ」「どちらでもない」で回答させる検査です。12の性格特性（抑うつ性、回帰性傾向、劣等感、神経質、客観性がな

いこと、協調性がないこと、愛想が悪いこと、一般的活動性、のんきさ、思考的外向、支配性、社会的外向）の高低から、被検査者の性格を 5 つの類型（平均型、不安定積極型、安定消極型、安定積極型、不安定消極型）に分類できます。

③CMI（コーネル・メディカル・インデックス）

　被検査者の精神面と身体面の自覚症状を調査できる検査です。原法は、身体面 144 項目と精神面 51 項目の計 195 項目で、日本では 19 項目が追加されて 214 項目のものが一般的に用いられています。また、深町健が CMI の結果から神経症を判別する基準を設けました。

(2)投影法
1)概要

　被検査者には漠然とした課題を与えて、そこから出てくる反応を見る検査です。被検査者の反応の中に、欲動、衝動、情緒、観念などが投影されると考えられています。

　投影法は、自分の回答からどんなことが判断されるのかわかりにくいため、無意識レベルが出てきやすいとされています。

2)主な投影法検査
①ロールシャッハテスト

　スイスの精神科医**ロールシャッハ**が 1920 年に発表しました。左右対称的なインクの染みのような漠然とした図形が載っている図版を 10 枚見せて、何が見えるかと、なぜそう見えたかを回答させます。

②TAT（絵画統覚検査・主題統覚検査）

　マレーらが 1930 年に発表した検査です。30 枚の人物が登場する一場面を描いた絵から 20 枚を選んで、それらを 1 枚ずつ見せて、物語を作らせます。

③SCT（文章完成法）

　複数の短い文が印刷されている用紙を配布して、その短い文の後に自由に文を書かせて、それぞれの文を完成させます。

④P-F スタディ（絵画欲求不満テスト）

　漫画風に描かれた 24 枚の欲求不満場面が示されて、相手に何かを言われて、欲求不満になるような目に合わされた人の空白の吹き出しに、思いつくセリフを埋めていきます。吹き出しに記入したセリフから、その人の欲求や怒りの表現の仕方がわかるとされています。

⑤描画法テスト

　描いた絵からクライエントの心理状態を測定します。代表的なものに、❶バウム・テスト（木の絵を描く）、❷HTP 法（家、木、人を描く）、❸風景構成法（風景を描く）などがあります。

(3)作業検査

　一定の検査場面で指示に従って作業を行わせ、その反応結果から性格を査定します。日本では、ドイツの精神科医**クレペリン**(1856-1926)が考案し**内田勇三郎**(1894-1956)がまとめた、**内田・クレペリン精神作業検査**が広く定着しています。

　この検査は、1 桁の数字の足し算を連続して行わせる連続加算作業を行わせます。その作業速度の変動の仕方を指標にして、個人の性格特性や意志の働きを理解しようとします。

2.5　パーソナリティ障害

(1)概要

　パーソナリティ障害とは、物事の考え方やとらえ方、感情、行動等が、個人差と言えるレベルから著しく外れているために、社会生活を送ることに困

難がある状態のことをいいます。

　アメリカ精神医学会の診断基準である DSM-5 では、大きく 3 つのクラスタ（A 群：奇妙・風変わり、B 群：攻撃的・不安定、C 群：不安・引きこもり）と、その下位分類として 10 種の障害に分類されています（原田,2009 など。表 2.5 参照）。

表2.5　A群・B群・C群パーソナリティ障害の特徴

群	全体の特徴	障害名	各障害の特徴
A群	風変わりな印象を持たれる。他者を遠ざけがち。	妄想性パーソナリティ障害	他者はだましたり、利用したりするから信頼できないと、根拠なく疑う。
		シゾイドパーソナリティ障害	孤独を選択しがちで、他者とのやり取りや親密な関係が築けない。
		統合失調型パーソナリティ障害	独特な信念や思考、風変わりな行動や感情表現をする。
B群	感情の起伏が激しい。周囲の人を巻き込んで、対人関係に問題を起こしやすい。	境界性パーソナリティ障害	衝動的で感情の起伏が激しい。
		演技性パーソナリティ障害	他人の注目を集めるために、芝居がかった行動をとる。
		自己愛性パーソナリティ障害	他人からの賞賛を求める。一方、他人に共感する力は乏しい。
		反社会性パーソナリティ障害	法に触れるような反社会的行動をとる。
C群	対人関係に不安や恐怖を感じやすい。ストレスをためやすい。	回避性パーソナリティ障害	他者からの拒絶を恐れて、対人関係が築けない。
		依存性パーソナリティ障害	他者に頼りたい気持ちが強く、他者から離れることに強い不安を感じる。
		強迫性パーソナリティ障害	完全主義で、柔軟性に欠ける。

第3章　学習

　学習とは、自身が置かれた環境の中で、同一のあるいは類似した経験を繰り返した結果生じる、比較的永続的な行動の変化をもたらすものです。感覚的順応、疲労、ケガ、病気、薬物、加齢等によって起こる変化は学習とは言いません。行動に占める学習の役割は、高等動物ほど大きくなります。

　学習が起きる手続きは、基本的には**古典的条件づけ**と**オペラント条件づけ**の2つに分けられます。条件づけとは、訓練や学習の基本的形式のことで、条件反応（条件反射）の形成とその過程を総称したものです。

　この章では、古典的条件づけ、オペラント条件づけ、より高次の学習の順番で説明していきます。

3.1　古典的条件づけ（レスポンデント条件づけ）

(1)古典的条件づけの仕組み
1)概要

　古典的条件づけは、**レスポンデント条件づけ**、**パブロフ型条件づけ**ともいいます。この条件づけでは、無条件刺激と条件刺激（ある特定の刺激）を対にして繰り返し提示することで、無条件刺激に反射的に生じていた無条件反応を、条件刺激だけ提示しても起きるようにするものです。条件刺激に対して起きる反応を条件反応といいます（図 3.1 参照）。

2)古典的条件づけの実験例

　例として、ロシア・ソ連の生理学者**パブロフ**(1849-1936)による犬の唾液分泌条件づけの実験や、アメリカの**ワトソン**らによるアルバート坊やの実験等が挙げられます。

　パブロフの実験では、次の手続きによって「犬がベルの音を聞くと唾液を出すようになる」という古典的条件づけを成立させました。

【例1：パブロフの実験】

① 唾液分泌という無条件反応を引き起こす、食べ物という無条件刺激がある。
② 食べ物を呈示する際に、ベルの音という条件刺激を繰り返し呈示する。
③ やがて、ベルの音だけで、唾液分泌という反応（条件反応）が起こるようになる。

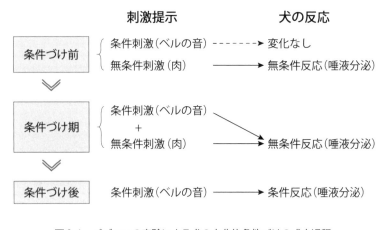

図3.1　パブロフの実験による犬の古典的条件づけの成立過程

【例2：ワトソンらの実験】

　生後11か月のアルバート坊やに、白ネズミに対する恐怖を植え付けた実験。
① 白ネズミに手を伸ばして触れた瞬間に、大きな金属音を出した。
② アルバートは金属音に恐怖を示した。
③ くり返し金属音を出すと、やがて白ネズミを見ただけで恐怖を示すようになった。
④ ついに、ウサギ、犬、毛皮のコートにも恐怖を示すようになった(般化)。

3)対呈示するタイミング

　無条件刺激と条件刺激を対にして提示する際の時間関係が、条件づけの成立に大きな影響を与えます。一般に、同時に提示する「**同時条件づけ**」が最も効果的です。一方、無条件刺激を提示してから時間を空けて条件刺激を提示する「**逆行条件づけ**」では条件づけが成立しにくいとされています。

(2)強化と消去

　条件刺激と無条件刺激を一緒に呈示することで、条件反応が強まることを**強化**といいます。一方、条件づけが成立した後に、条件刺激だけを呈示すると条件反応が弱まり、次第に消えていきます。これを**消去**といいます。

　しかし、消去の後にしばらく休憩してから条件刺激を提示すると、再び条件反応が生じることがあります。これを**自発的回復**といいます。

(3)般化と分化
1)般化

　古典的条件づけを訓練した後で、条件刺激と類似した刺激を与えると、条件反応が起こりやすくなります。これを**刺激般化**といいます。例えば、あるブザー音で作業を開始するように訓練されていると、似たような音が鳴った場合でも作業を始めてしまいます。狭い意味での般化は、この刺激般化を指します。

　条件づけされた反応だけではなく、類似した反応の生起率が増大することを**反応般化**といいます。

　また、意味が近い同義語や正反対の意味の反義語に条件反応が起こることを**意味般化**といいます。

2)分化

　類似した2種類の刺激を、一方には無条件刺激を伴わせ、もう一方には無条件刺激を伴わせないで呈示すると、2種類の刺激が極端に似ていなければ、前者にだけ条件反応が生じるという区別が起きます。これを**分化**といいます。

3)実験神経症

　分けることが難しいよく似た2種類の刺激を用いると、分化が困難になります。このように分化が困難な刺激を与え続けると、古典的条件づけが成立しないだけではなく、行動の混乱も見られるようになります。これを**実験神経症**といいます。

3.2　オペラント条件づけ(道具的条件づけ)

(1)オペラント条件づけの仕組み

1)概要

　生体の反応のうち、後に続いて起こる環境の変化の影響を受ける行動のことを**オペラント反応**といいます。オペラント反応が起こるようになる過程のことを、**オペラント（道具的）条件づけ**といいます。

　オペラント条件づけの手続きでは、特定の自発的行動が起こるたびに、それに続いて繰り返し報酬や罰（強化子）を与えることで、行動が起きる確率（生起率）を高めようとします。これを**強化**といいます。**強化子**は反応を強めて維持する刺激のことで、食べ物や誉め言葉のような刺激を報酬（正の強化子）、電気ショックや叱責のような刺激を罰（負の強化子）といいます（表3.1 参照）。

　そして、強化を行わないと、行動が起こらなくなります。これを**消去**といいます。

表3.1　報酬と罰の例

種類	報酬	罰
お金・物	お小遣い。賞金。おやつ。プレゼントする	罰金。食事やおやつ抜き。物を取り上げる
言葉がけ	ほめる。ねぎらう	叱る。バカにする
態度	頭をなでる。笑顔	叩く。怖い表情
仲間	仲間に入れる	仲間外れにする

2）オペラント条件づけの例

　オペラント反応を起こす例として、アメリカの**スキナー**(1904-1990)の実験
が挙げられます。スキナーは、**スキナー箱**と呼ばれる動物の学習実験の装置
を開発し、多くの研究成果を挙げました。具体的には次の通りです（図 3.2
参照）。

【例：スキナーの実験】

① 被験動物（ネズミなど）を入れた箱の中に、レバー（キー）がある。
② レバーを押すと、エサや水等の報酬が与えられる仕組みになっている。
③ 被験動物はじっと静止していない限りは、レバーに触れる機会がある。
④ そのたびに報酬が与えられていると、レバーを押せば報酬が得られるこ
　 とを学習する。

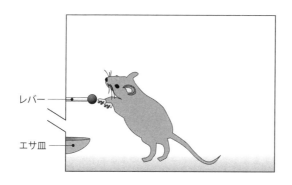

レバー

エサ皿

図3.2　スキナー箱による学習の例

　このように、レバーを押すという自発的行動（オペラント反応）に、報酬
という強化子をつけます（随伴させます）。すると、強化子がない時よりも自
発的行動の生起率が上昇します。これがオペラント条件づけの仕組みです。
　人間の行動を例にすると、ある行動をした時に誉められると、その行動を
するようになります。反対に、ある行動をした時に叱られれば、その行動を
しないようになります。

(2)強化スケジュール

　強化の与え方は呈示の仕方から、**連続強化**と**部分強化**に分けることができます（浜村,1994a）。

1)連続強化

　全ての反応に強化を与えます。行動と強化の関係が明確になるため、条件づけの成立が速いとされます。一方で、強化を与えなくなると、条件反応の消去が起こりやすいとされます。

2)部分強化

　反応に対して強化を与えたり与えなかったりすることです。行動と強化の関係が、連続強化ほどは明確でないため、連続強化に比べて条件づけが遅いとされます。一方、部分強化で訓練した行動は、連続強化での訓練よりも条件反応の消去が起こりにくいとされます。これを部分強化効果といいます。

3)部分強化の種類

　部分強化は、強化を与える規則や確率によって、次のように分類できます。

①定率（fixed ratio; FR）
　反応が一定の回数になるごとに強化を与えます。このスケジュールでは、作業を始めると一気に行って、反応が一定数に達するまではがんばります。しかし、その回数に達すると反応休止が起こります。例：出来高払い。

②変率（variable ratio; VR）
　強化が与えられる反応の回数が不規則な方法です。このスケジュールは反応率が高く、消去に移ってもなかなか反応がなくなりません。例：ギャンブル。

③定時隔（fixed interval; FI）
　前の強化から一定時間経過した後に起きた最初の反応に強化を与えます。このスケジュールは、強化直後の反応は少ないですが、時間が経過すると反応率が上がっていきます。例：固定給で残業なしの仕事。

④変時隔（variable interval; VI）

　前の強化からある不規則な時間が経過した後の最初の反応に強化を与えます。反応率はほぼ一定です。例：話し中の電話にリダイヤルをすること。

4）部分強化の反応数

　上記の4つの強化スケジュールの反応数の累積を比較すると、最も反応数が多いのは変率の強化です。次いで、定率強化、変時隔強化で、最も反応数が少ないのが定時隔強化です。これは決まった時間が経つと、その間にどれだけ反応したかに関わらず強化が得られるからと考えられます。

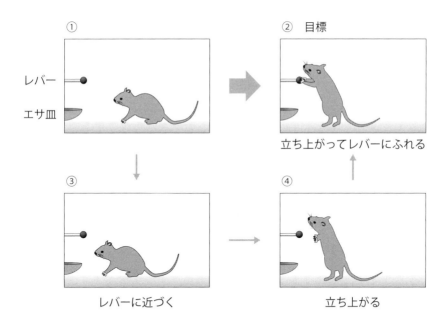

目標である②だけではなく、③と④にもエサを与えて
ネズミを②に近づける

図3.3　シェイピング法の例

(3)シェイピング法

　すぐに目標とする行動が起きない場合は、それに近い行動が起きれば強化を与えることで、目標行動に近づけていく方法があります。これを**シェイピング法**といいます（図3.3参照）。シェイピング法は、**行動療法**にも用いられます。

(4)オペラント条件づけの例
1)学習性無力感

　自分の行動に結果が伴わないと感じる場合、無力感に陥って行動を起こさなくなることがあります。これを**学習性無力感**といいます。アメリカの**セリグマン**(1942-)らが動物実験の結果から提唱しました（表3.2参照）。罰から逃げることも避けることもできない体験をすると、絶望感に支配されて罰に反応も逃避もしなくなりました。

表3.2　セリグマンらの学習性無力感の実験

① 　2頭の犬を別々の箱に入れて、2頭同時に電気ショックを与えた。
② 　犬Aを入れた箱には、犬が頭で押すと電気ショックが止まる装置があったが、犬Bを入れた箱には無く、電気ショックが止められなかった。
③ 　2頭の犬に電気ショックを同じ回数と時間を与えた後、2つに区分された箱の片側に1頭ずつ入れた。
④ 　この箱は、隣の部屋に移動すると電気ショックから逃げられた。犬Aは隣の部屋に移動することを学習したが、犬Bは入れられた部屋から逃げずに電気ショックを受け続けた。

　人の場合、避けられない否定的な状況におかれても、その状況をどのように認知したり予測したりするか（例：その状況が連続して続くのか、偶然のことなのか）、その状況になった原因を何のせいにするか（帰属）によって、学習性無力感を持つかどうかが変わります。

2)迷信行動

　あるオペラント反応が自発した時に、たまたま報酬や罰が生じると、その

反応が条件づけられます。そして、その後偶然を信じて反応を何度も自発したり避けたりするようになります。これを**迷信行動**といいます。

　例えば、左足から靴下を履いた日に勝負に勝ったら、その後毎日左足から靴下を履くようになることです。

3）罰の効果

　オペラント条件づけは、報酬だけではなく罰でも成立します。ある行動を自発した後に罰を与えると、その行動を抑制する効果があります。

　罰を何度か経験すると、罰を受ける状況から逃げることを学習します。これを**逃避学習**といいます。また、罰を回避できる状況を設定して学習することを**回避学習**といいます。

　ただし、桜井(1991)は、体罰による教育について、次のケースが多いことなどを挙げて、教育的な効果を疑問視しています。

　① 罰を与える人が罰を受ける人よりも上に居るという力関係を学習する。
　② 罰を与える人がいないとかえって行動が抑制されない。
　③ 体罰は理性ではなく感情で与える。

3.3　技能学習

(1)技能学習の仕組み

　技能学習は運動学習ともいい、例えば自転車の乗り方を学習することなどを指します。技能学習は、認知、連合、自律の3段階に分けられます。

　1）**認知**：習得を目指す技能についての知識を得ること。例えば身体の動かし方等を、本を読んだりお手本を見たりして学びます。
　2）**連合**：習得を目指す技能を実行するために必要な部分的な動作を学び、それらを一連の運動としてまとめること。
　3）**自律**：自分の動作にその都度注意をしたりフィードバックを受けたりしなくても、運動を進行できること。

(2)効果的な練習

技能学習を習得するための練習では、フィードバックを受けること、適切な練習時間を設定すること、イメージトレーニングを行うことを心掛けると効果的です。

1）**フィードバック**：連合の段階では、フィードバックを受けることが効果的です。他者から助言を受けたり映像を見たりして、自分の動作がどうなっているかを把握します。

2）**練習時間**：練習にかける時間が同じである場合、短期に集中して練習する集中学習よりも、長期にわたって少しずつ練習する分散学習の方が効果的とされています。

3）**イメージトレーニング**：実地の練習を行うだけではなく、頭の中で技能や運動をイメージすることにも練習の効果が期待できます。

(3)学習の転移

自分が既に習得した技能が、新しい技能を習得することに影響を与えることを**転移**といいます。既存の学習が良い影響を与える場合を正の転移といいます。一方、既存の学習が悪い影響を与える場合を負の転移といいます。

> **正の転移の例**：テニスが上手だと卓球もすぐにできるようになる
> **負の転移の例**：押すと開くドアに慣れていると、引くと開くドアに戸惑う

また、一方の手足で習得した技能や運動が、やったことのないもう一方の手足でも習得できることを**両側性転移**といいます。

3.4 観察学習理論

(1)概要

モデルの行動を観察することで新しい反応が獲得されたり、既存の反応が修正・除去されたりすることを**観察学習（モデリング）**といいます。

最も基礎的な観察学習を模倣反応といいます。これは、モデルの行動をそ

のまままねすることで、乳幼児や動物にも見られます。

　発達段階が進んだ人では、直接的に行動を見せるだけでなく言葉で教示をすることで、自分の頭の中でイメージや思考をして、行動の獲得や修正が起きることもあります。

（2）観察学習の仕組み

　観察学習の検討と理論化は、アメリカの**バンデューラ**(1925-)の研究が有名です。バンデューラは観察学習を、注意、保持、運動再生、動機づけの 4 段階に分類しました。

　1）**注意**：モデルの行動のある特定の部分に注意する
　2）**保持**：注意した特定の動作を覚える
　3）**運動再生**：保持した行動を自分で再生できる
　4）**動機づけ**：観察して覚えたことをやってみる

　動機づけには**強化**が影響します。観察して覚えたことを実行した時に、直接的に強化子を与えられれば、当然強化が起きます。それ以外でも強化が起きる方法があります。

　まず、モデルがある反応をした際に報酬や罰を与えられることを観察することが、自身の行動に影響する場合を**代理強化**といいます。

　そして、報酬や罰を与えられたり観察したりしなくても、ある行動が上手に実行出来たり楽しいと思えたりすることで、その行動を維持したり強めることがあります。これを**自己強化**といいます。

（3）観察学習の例

　バンデューラは、3〜6 歳の子どもたちに大人（モデル）の行動を映画で見させて観察学習をさせる実験を行いました。この実験では、子どもたちを 3 つのグループに分けて、それぞれ異なる映画を見せてその後の行動を比べました。具体的には次の通りです。

　1）**映画の前半**：全てのグループに同じ映画を見せました。その内容は、

　　モデルが等身大の風船人形に様々な攻撃行動を加えるものでした。

　2）**映画の後半**：グループごとに異なる内容の映画を見せました。その内
　　　容は下記の通りです。

　　①**グループ1**：別の男性が登場して、モデルにお菓子や誉め言葉を与え
　　　る。

　　②**グループ2**：別の男性が登場して、モデルに罰を与える。

　　③**グループ3**：モデルが風船人形に攻撃したシーンのみで終わる。

　映画を見終わったら、子どもたちを映画に出てきた風船人形やその他の遊
具がある部屋に案内して行動を比べます。すると、グループ2の子どもは、
グループ1および3に比べて遊びの中での攻撃行動が少ないという結果にな
りました。

第4章　記憶

　この本を手に取ってくれている人の中には、学校や様々な資格取得の試験を受ける人も多いと思います。しかし、自分は覚えることが苦手だ、すぐに忘れてしまうというように、試験勉強に苦手意識を持つ人も少なくないと思います。

　この章では、どのようにものを覚えたり忘れたりするのかを説明します。

4.1　記憶とは

(1)記憶の段階

　記憶とは、記憶する材料を記銘し、保持し、再生することをいいます。**記銘**（符号化）とは、何らかのことがらを心に刻み込む機能のことです。**保持**（貯蔵）とは、記銘された内容が消え去らないように維持し続ける機能のことです。**想起**（検索）とは、保持されている内容を取り出す機能のことです（図4.1参照）。つまり、記憶とは、ある事柄を覚えて、それを忘れないように維持して、それを必要に応じて思い出して活用することをいいます。

図4.1　記憶の段階

(2)記憶の失敗とは

　記憶の失敗とは、そもそも記録されていなかったのか（記銘の失敗）、貯蔵できずに消えてしまったのか（保持の失敗）、保持されているのに見つけられ

ないのか（検索の失敗）などのような様々な原因によるものです。

　なお、記銘したことを想起できない時には、再学習すると初めての時よりも容易に学習できるとされています。つまり、想起できなくても、何らかの記憶の要素が残っているのではないかと考えられます。

(3)想起の種類

　想起には**再生**と**再認**があります。再生は、以前に経験や学習をして記憶している内容を思い出すことです。再認は、以前に経験や学習をしたことが再び出現した時に、それが以前に経験や学習をしたことであると知覚し確認することです。一般的に、再生よりも再認の方がしやすいとされます。

4.2　記憶の種類

　記憶は、保持できる時間や容量等で、**感覚記憶**、**短期記憶**、**長期記憶**の 3 種類に分類されます。感覚記憶から短期記憶、さらに長期記憶になる過程は、図 4.2 のようにまとめることができます。

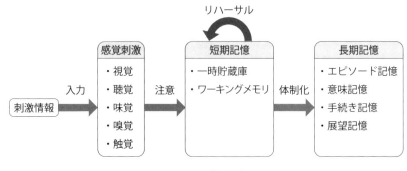

図 4.2　記憶の過程

　それぞれの記憶がどのようなものかを、以下で詳しく説明していきます。

(1)感覚記憶

感覚記憶は、感覚器官（視覚、聴覚、触覚、嗅覚、味覚）で受け取った様々な刺激情報を、ほとんどそのままの形で取り込んで、非常に短い時間だけ保持したものです。瞬間的ですが非常に多くの情報を貯蔵できます。そして、約1秒の間に注意・選択された情報が、短期記憶に移行します。感覚情報保存ともいいます。

なお、視覚情報に関する感覚記憶（アイコニックメモリ―）が1秒以内で急速に情報が消滅するのに対し、聴覚情報に関する感覚記憶（エコイックメモリー）は2～4秒程度保たれるという研究結果もあります（漁田, 1991; 藤井, 1994）。

(2)短期記憶
1)短期記憶の容量と保持時間

短期記憶は、感覚記憶の中から注意して選択された情報です。保持できる容量が限られていて、ミラーによれば**7±2チャンク**（まとまりという意味）が限界とされています。その人が正しく再生できる個数を記憶範囲といいます。

【チャンクの説明】

短期記憶の容量は、情報を単語や数字としてどの程度まとめられるかということで変わります。例えば、次のような18個のアルファベットの並びがあったとします。

TIMEMACHINENETWORK

このまま1文字ずつ覚えようとすると18チャンクになるので、短期記憶の容量を超過します。そこで、何かまとまりを作ることができないか調べてみると、TIME, MACHINE, NET, WORK という4つの英単語にまとめることができました。これならば、4チャンクであり、短期記憶の容量に収まります。さらに、TIME と MACHINE を TIME MACHINE、NET と WORK を NETWORK と認識すれば、TIME MACHINE と NETWORK という2チャンクにまとめることができます。

　また、短期記憶は情報を保持できる時間も限られているとされています。ピーターソンらの実験では、3つの無意味な文字を覚えさせた結果、18秒後には約9割を忘れていました。つまり、短期記憶は何もしないと20秒程度で消えてしまいます。これを防ぐためには、**リハーサル**が必要です。

2)リハーサル

　短期記憶に入った情報を保持するためには、その情報を繰り返し覚えようとする作業が必要です。これを**リハーサル**（反復）といいます。例えばランダスらの実験では、口頭でリハーサルした回数が多いほど再生成績が良くなりました。

　リハーサルは2種類あります。

　①**維持型リハーサル**：短期記憶にとどめておくためだけのもの
　②**精緻型リハーサル**：情報を長記憶に送るために、貯蔵しやすい形に変換するもの

　精緻型リハーサルで行う情報の変換を、**符号化**といいます（4.5節参照）。

3)ワーキングメモリ

　短期記憶は、情報を蓄える以外に、情報処理や課題解決等に働くという考え方もあります。推論、学習、理解等の人間の認知的活動のために働く記憶として、**ワーキングメモリ（作動記憶）**と呼ばれます。ただし、その限界容量や記憶障害がある人の事例から、短期記憶と作動記憶とは、似ているけれども同じではないという意見もあります（藤井, 1994）。

　ワーキングメモリは、ある認知課題に取り組んでいる際に、それに関連する別の情報を同時に保持する過程を指します。以下で、ワーキングメモリの働きを、勉強を例に説明します。

【ワーキングメモリの例】
①**読書**：目の前のある文章を読むという作業を進めつつ、長期記憶にある
　　　　知識やエピソードを検索します。そして、知識やエピソードと照
　　　　らし合わせつつ、本の中の単語や文が意味することを理解します。
②**計算**：数字や数式記号（＋や−）を保持しながら、解答を導くために情
　　　　報を処理します。

（3）長期記憶

　長期記憶は、永続的に情報を保持できるうえに、その容量に限界がないと
仮定されている記憶です。短期記憶の情報をリハーサルで保持しながら、イ
メージ化や連想などで相互に関連付けてまとめること（**体制化**）によって長
期記憶に送ります。

　長期記憶は言葉により表現できるかどうかで、**宣言的記憶**と**手続き記憶**の
2つに分類することができます（図 4.3 参照）。

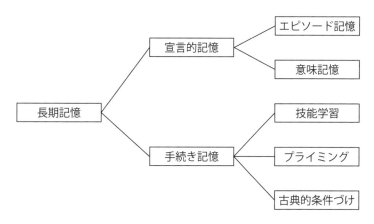

図 4.3　長期記憶の分類（スクワイヤより）

1）宣言的記憶

　言葉で表現できる記憶で、事実と経験を保持するものです。意識的に想起
できるので、**顕在記憶**とも言われます。宣言的記憶は、**意味記憶**と**エピソー
ド記憶**に分けることが出来ます。

①**エピソード記憶**：「いつ」「どこで」「何を」「どのように」行ったかという個人的経験の記憶

②**意味記憶**：言葉の意味や数学や物理の法則のような、一般的な知識に関する記憶

　エピソード記憶（日常経験の記憶）が積み重なると、意味記憶につながるという考えがあります（箱田, 2010）。リントンの研究では、類似したエピソードを何度も経験すると、個々のエピソードの詳細が区別しにくくなりました。しかし、何度も体験したことで、そのエピソードが起こった文脈についての一般的な知識は増加し、意味記憶として覚えられました。

2) 手続き記憶

　意識にあまりのぼることがない習慣的動作等のことで、技能、運動、知覚に関する記憶、古典的条件づけ、**プライミング**が含まれます。記憶にあるかどうか意識されないので、**潜在記憶**とも言われます。

①手続き記憶

　運動技能や段取りについての記憶です。3.3 節で説明した**技能学習**によって覚えます。例えば、自転車の乗り方、箸の使い方、泳ぎ方を覚えていることです。手続き記憶は、次の2つの特徴があります。

❶他人に説明するのが難しく、同じ体験をさせないと伝わらない。

❷一度覚えると忘れにくく、使いたい時には、無意識的に（考えずに）利用できる。

②プライミング

　前もって刺激を呈示しておくと、その刺激の処理が促進される現象です。具体的には、ある単語や絵を呈示された経験があると、その単語や絵を不完全な状態で呈示されても正答できる確率が高まります。また、運動技能でも一度実行した経験があると、しばらく時間が空いても正確に実行できる可能性が高まります。

　このように、先に行った何らかの処理が、次に行う他の処理を促進する効果のことを、**プライミング効果**といいます。プライミング効果は、経験の記憶を意識的に想起せずに起こります（原田, 2013）。

3）回想記憶と展望記憶

　いつのことを思い出すかによって、**展望記憶**と**回想記憶**に分けられます。展望記憶は、予定や約束などの記憶で、将来行うべきことを覚えておくことです。例えば、「薬を食事の後に飲む」ことを覚えておくことです。過去の出来事を覚えている回想記憶（エピソード記憶や意味記憶）とは正反対の記憶です。

　展望記憶は、意図的な検索（例：帰りにすることを思い出しながら歩く）でも、自動的な検索（例：スーパーの前を通ったら買い物を思い出す）でも思い出されますが、予定をタイミングよく想起する必要があります。

4.3　記憶の変容

　記憶したことはそのままの形で保持されるのではなく、質的に変容することがあります。ここでは、図形、文章、目撃情報を例に説明します。

(1)より単純にする

　ウルフは、図形を見せて一定時間経過後に再生（描く）させる実験を行いました。その結果、記憶内容に標準化、水準化、強調化という変化が起きました。これは、**プレグナンツの法則**（第5章参照）が働いているものと考えられます。

　①**標準化**：より見慣れた図形に近づく
　②**水準化**：凹凸がない図形になる
　③**強調化**：図形の特定の部分が協調されて、細かいところは省略される

(2)再構成

　イギリスの**バートレット**(1886-1969)の研究では、自分が理解できない内容を含む文章を読ませて、時間が経ってから再生させました。すると、十分に理解できなかった内容は、「単純化する」「細部を取り去る」「なかった話を挿入する」などの手を加えて、話のつじつまが合うようにするという結果になりました。これを**再構成**といいます。再構成は、自分のこれまでの経験によって作り上げたものの見方である、**スキーマ**によって話を理解した結果起きるものです。再構成は、再生時だけではなく、記銘時にも起きていると考えられます。

　また、図形を覚える時に、見たものをそのままで覚えるのではなく、その形を自分が知っているものと似ていると見立てて、名前をつけることがあります。これを**命名の効果**といいます。そして、つけた名前に合わせて図形を再生します。

(3)目撃記憶

　犯罪や事故の目撃証言の信ぴょう性についての研究もされています。例えばアメリカの**ロフタス**(1944-)らは、交通事故の映画を見せてから、2つのグループに分けて別々の質問をしました。

グループ1への質問：「自動車は**衝突した**時、どのくらいのスピードで走っていましたか」

グループ2への質問：「自動車は**ぶつかった**時、どのくらいのスピードで走っていましたか」

　結果は、グループ1の方がより速いスピードで走っていたと答え、「ガラスが割れていた」と被害の大きさを肯定する回答が多くなりました。つまり、「衝突した」の方が「ぶつかった」よりもひどい事故になるという、一般的な概念に記憶が引きずられたものと考えられます。

4.4 忘却

(1)忘却の過程

　記憶した情報を再生・再認できないことを**忘却**といいます。記憶した情報が失われた場合と、失われてはいないけれども検索できない場合とあります。ドイツの**エビングハウス**(1850-1908)は、次の実験で長期記憶が消失する過程を明らかにしました。無意味つづりを完全に暗記した後、一定期間経ってから再度これらを暗記するためにどのくらい時間がかかるかを検討しました（エビングハウス, 1885）。結果は、約20分で約4割、1時間で5割以上、約8時間後で6割を忘れていました。つまり、忘却は、記憶直後に急速に進み、その後は緩やかに進行していくことがわかりました（表4.1 参照）。

表4.1　時間の経過による忘却

再学習までの時間	覚えていた量(%)
0.33 時間	58.2
1 時間	44.2
8.8 時間	35.8
24 時間	33.7
48 時間	27.8
6 日	25.4
31 日	21.1

(2)忘却の要因

　忘却を引き起こす要因として、干渉と抑圧と情報の崩壊が考えられています。

1)干渉

　ある対象を記憶した後に他の対象を記憶すると、先に覚えた対象の再生が困難になります。一般に、2つが似ているほど、お互いの記憶を妨げること

になります。これを**干渉**といいます。干渉は次の4つの行動をすると起きやすくなります。

❶最初の学習の後に、それとある程度似ているものを学習する。
❷最初の学習が不完全なままで、次の学習をする。
❸最初の学習の直後に次の学習をする。
❹次の学習を行う直前に、最初の学習を再生する。

　前に記憶したことが後の記憶を妨げることを**順向抑制**といい、後で記憶したことが前の記憶を妨げることを**逆行抑制**といいます。

2)抑圧

　精神分析学（第2章、第11章参照）では、自我を脅かすような強烈に不快な経験をすると、その経験を意識から無意識に**抑圧**して思い出せない状態にすると考えました。つまり、思い出せないのは、不快や苦痛をもたらすことを意識に上らないようにしているケースもあります。

3)情報の崩壊

　貯蔵された情報は、時間の経過とともに自然消滅するという考え方があります。記憶の崩壊説といいます。情報の自然消滅は、リハーサルを行うことで緩和することが出来るのではないかと考えられています。

4.5　効果的な記憶方法

(1)文脈効果

　記銘する情報と一緒に存在していた情報は、ともに**符号化**されます。このように記銘すべき情報の背景にあった情報を**文脈**といいます。

　例えば、記銘すべき単語と一緒に提示された単語はもちろん、その単語を記銘した環境や感情も文脈になります。環境とは、部屋、内装、BGM、一緒にいた人の服装などです。

　再生時にこの文脈が存在しないと、検索に失敗する可能性が高くなります。

（2）丸暗記はしない

　覚える対象が多数ある場合は、機械的に覚える（丸暗記）よりも、対象 1
つひとつをカテゴリーに分けて、そのカテゴリー名と一緒に覚えた方が、後
で検索しやすくなります。カナダのタルビング(1927-)らの実験では、覚える
単語数が多い場合、カテゴリー名があった方が再生数が増えました。

　検索時に手がかりになるように、カテゴリー名を付けたりグループ化した
りする作業を**体制化**（組織化）といいます。

（3）覚えたらすぐに寝る

　ジェンキンスらの実験では、情報を記憶した後ですぐに睡眠をとらせる群
と何か活動をさせる群に分けて、数時間後に再生させました。すると、睡眠
をとらせた群の方が良い成績という結果になりました。

　これは、起きていると活動によって新たな刺激が入り込むため、干渉が起
きるのではないかと考えられます。

（4）分けて覚える

　覚えることがたくさんある場合、一度に短期集中で覚えようとしても、集
中力の問題などで、覚えきることが難しいものと考えられます。むしろ、1
回の勉強時間を短くして、少しずつ覚えた方が、記憶しやすくなります。

　つまり、試験 3 日前から 1 日 6 時間勉強する**集中学習**よりも、2 週間前か
ら 1 日 15〜20 分程度でも勉強を積み重ねる**分散学習**の方が効果的ということ
です。これは 3.3 節の技能学習で説明したことと同じです。

（5）最初と最後は覚えている

　複数の情報を記憶しようとする場合、最後の方に出てきた情報の方が最も
良い再生成績で、次に最初の方の情報の成績が良く、中央の情報の成績が最
も悪くなります。このような現象を**系列位置効果**といいます。

　最後の情報の再生成績が良いことを**親近効果**、最初の情報の成績が良いこ
とを**初頭効果**といいます。

第5章　感覚・知覚

　知覚とは、感覚器官を通して自分の周りの環境（外部）や自分の身体の状態（内部）を認知する機能です。そして、知覚の基礎的な過程として**感覚**があります。この知覚は、必ずしも刺激の通りに受け取られているとは限りません。それは、様々な要因によって刺激の伝わり方が変わることがあるからです。この章では、感覚および知覚の仕組みや、それに関連する要因などを見ていきます。

5.1　感覚とは

(1)感覚の種類

　感覚とは、自分の内外に存在するものを身体の諸器官で受け止めてそれを明確にする働きです。目、耳、鼻、舌、皮膚という感覚器官を働かせる**五感**（視覚、聴覚、嗅覚、味覚、皮膚感覚）が基礎的なものです。さらに、身体内部の諸器官の状況を認知する内臓感覚、運動感覚、平衡感覚があります。また、皮膚感覚は、触(圧)覚、温覚、冷覚、痛覚の4種類に分けられます（表5.1 参照）。

　それぞれの受容器を刺激するものを適刺激（例：眼では光）、刺激しないものを不適刺激といいます（例：眼では音や臭い）。

　感覚は刺激と身体の距離に応じて、遠隔感覚と接触感覚に分けられます。表 5.1 では、視覚と聴覚は遠隔感覚、嗅覚は鼻から近い距離にある刺激を受容するので遠隔感覚と接触感覚の中間、味覚と触覚に分類されます（鹿取他,2015）。

　接触感覚は感じないようにすることが難しいため、快・不快の源となりやすく、情動（喜怒哀楽）を動かす可能性があります。

表5.1 感覚の種類と受容器

感覚の種類		適刺激	受容器
	視覚	電磁波	網膜
	聴覚	音波	内耳蝸牛
	嗅覚	化学物質（揮発性）	鼻の嗅上皮
	味覚	化学物質（水溶性）	舌の味蕾
皮膚感覚	圧(触)覚	機械圧	圧点
	温覚	温度刺激（温）	温点
	冷覚	温度刺激（冷）	冷点
	痛覚	強い機械圧、化学薬品、電流など	痛点
	内臓感覚	内臓内部の状態の変化	食道、血管他
	運動感覚	筋、腱、関節部の動き	筋、腱、関節
	平衡感覚	身体の位置の変化	内耳前庭器官

(2)刺激を選別する要因

　適刺激であっても、それぞれの受容器が感じたり、耐えられたりしないと知覚できません。受容できる刺激の範囲は、有効範囲、強度、順応という観点で説明されます。

1)有効範囲

　それぞれの受容器には刺激を受容できる範囲があります。例えば、人の目と耳で受容できる範囲は次の通りです。

　光の中で受容できる範囲（可視範囲）は、380〜780nm とされ、この範囲の光を可視光線といいます。380nm より小さい紫外線は目を傷め、X 線は身体を通過してしまいます。さらに、780nm より大きい赤外線は熱として感じられます。

　音の中で受容できる範囲（可聴範囲）は、20〜20,000Hz の周波数とされます。その中でも、2,000〜4,000Hz の高さを快適に聴き取ることが出来るとされています。一般に、加齢によって高い周波数は聴き取りづらくなるとされています。

　なお、動物によっては、人間では受け止められない領域でも受容可能なも

のもいます。例えば、ミツバチは紫外線を受容可能で、イルカは 20,000Hz を超える超音波でも聴き取ることが出来ます。

2)強度

可視光線や可聴範囲にある周波数でも、弱い光や小さな音は受容しづらくなります。反対に、強すぎる光や音は、目や耳を傷めることになります。受容器を傷めるような痛覚になる前の限界の強さを刺激頂といい、刺激の強さの平均水準を刺激閾といいます。例として、音の強さを表 5.2 にまとめます。

表 5.2　日常生活にある音の強さ

dB	音の内容	聴覚的な目安
120	飛行機の近く	聴力機能に障害
100	電車通過時のガード下	きわめてうるさい
80	地下鉄の車内	うるさい
60	普通の会話	普通
40	図書館	静か
20	ささやき	きわめて静か

3)順応

受容器は一定の刺激を受け続けると、感覚の質、強さ、明瞭さなどが低下します。この現象を**順応**といいます。例えば、光、音、臭い、圧、温度などに慣れることです。

光については、明るさに慣れる明順応（数分以内に起きる）よりも、暗さに慣れる暗順応（30～40 分かかる）の方が時間がかかるとされています。

5.2　感覚・知覚に関係する要因

(1)視覚が優先される

人は、他の感覚に比べて視覚で得られる情報が多く、視覚で 70％、聴覚で 20％、その他で 10％とされています（重野, 1994）。このため、人は視覚の影

響を受けやすくなっています。具体的には、視覚とそれ以外の感覚で得た情報にずれがある場合、視覚に合わせて受け止める情報を補正するという現象が起こります。これを**視覚優位性**といいます。

(2)刺激が選択される

　複数の刺激が同時に存在すると、ある刺激が他の刺激を感じることを妨害することが起きます。これを**マスキング**といいます。

　一方で、感覚器官に多くの情報が入ってくる時に、選択的にある刺激に注意を集中することができる場合もあります。これを**選択的注意**といいます。

　例えば聴覚では、2人が同時に話しかけてきた時、どちらかの話だけを注意して聴き分けて、もう一人の話が全く聞こえないということができます。これを**カクテルパーティー効果**といいます。

(3)社会的知覚

　人が何かを知覚する場合、対象の物理的な特性ばかりではなく、その対象の価値や意味、その人の欲求、期待、態度などが影響することもあります。これを**社会的知覚**といいます。

　例えば、欲求が影響して、自分が欲しいと思っているものが、実際よりも大きく見えたり聞こえたりすることがあります。

　また、訓練を積み重ねて経験をすることで、未経験者よりも見分けや聞き分けという感覚が敏感になることがあります。

　さらに、その人の価値態度と対立する情報や、脅威・危害を加える刺激に、選択的に敏感になって認知しやすくなる**知覚的警戒**や、その反対に、価値がないもの、タブーとされるもの、有害なものなどの刺激を知覚・認知することを遅らせたり避けたりする**知覚的防衛**もあります（辰野他, 1986）。

(4)文脈効果

　刺激をそのまま受け取るのではなく、その前後の刺激に影響されることがあります。これを**文脈効果**といいます。

　例えば、図 5.1 は、中央の図形は①と②で全く同じです。ところが、①のように 12 と 14 の間にあれば 13 に、②のように A と C の間にあると B に、それぞれ見えてきます。

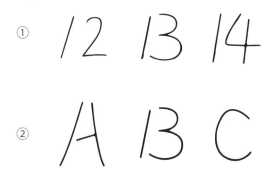

図 5.1　文脈効果の例（Bruner & Minturn, 1955）

5.3　形の知覚

(1)対比と同化

　感覚には、刺激の中にある他との違い（境界）を強調する**対比**と、違いが目立たなくなり一様化する**同化**があります。例えば、図 5.2 は明るさの対比と同化を示すためのものです。

図 5.2　明るさの対比と同化

　図の左右にある三角形は同じ明るさのものですが、異なって見えます。これが**対比**です。一方、中央の四角形は異なる色の上にありますが、同じ明る

さに見えます。これを**同化**といいます。しかし、中央に仕切りを置いて左右
を分割すると、対比が働いて異なる明るさに見えます。

　対比と同化は、視覚だけではなく聴覚やその他の感覚でも生じます。

(2)図と地

　視野の中にあるものが全く均質で、どこを見ても何の変化もない（形が知
覚できず、距離感がない）ことを**全体野**といいます。このような均質な視野
の中に何か異質なものがあると、形を知覚できます。背景から浮き上がって
まとまった意味のある形として知覚された刺激を「**図**」といい、背景の中に
混ざっている刺激を「**地**」といいます。つまり、ある刺激の中から何か意味
のあるものが選択されると、図と地が分化されます。

　デンマークの**ルビン**(1886-1951)は図と地の現象的特性を研究し、例えば図
5.3 を用いました。この図形は、中ほどの白い部分に注目して図として知覚
すれば、盃に見えてきます。その場合、周囲の黒い部分は地となります。一
方、周囲の黒い部分に注目して図として知覚すれば、向き合った2人の横顔
に見えてきます。その場合、中ほどの白い部分は地となります。

図5.3　図地反転図形の例（Rubin, 1921）

（3）群化の法則

　複数の刺激が同時に現れる場合に、単体で存在しているはずの刺激が、何か意味のあるまとまりに見えてくることがあります。このようなまとまりが出来ることを、ゲシュタルト心理学では**群化の法則**といいます。ドイツの**ウェルトハイマー**(1880-1943)によると、群化の諸要因には図5.4～図5.8のようなものがあります。このような要因によって、目に見えるものをできるだけ全体として簡潔でまとまった形にすることを、**プレグナンツの法則**といいます。

1)近接の要因

　近くにあるものはまとまって見えるということです。例えば、図 5.4 は 6 個の丸が並んでいますが、2 個の丸が 3 組あるように見えます。

図5.4　近接の要因の例

2)類似の要因

　色、形、大きさなどの属性が似たものは、まとまって見えるということです。例えば図 5.5 は、白い丸 2 個と黒い丸 2 個がそれぞれ 1 つの組になっているように見えるのではないでしょうか。

図5.5　類似の要因の例

3)閉鎖の要因

　形が閉じたものはまとまって見えやすいということです。例えば、（　）でくくったり、○で囲んだりすると、その中にあるものはまとまって見えてき

ます（図5.6参照）。

図5.6　閉鎖の要因の例

4）よい連続の要因

　不自然な連続よりも、直線や曲線などがなめらかに連続するものがひとま
とまりに見られやすいということです。例えば、図5.7ならば、①-②と③-④
という2本の曲線を組み合わせたものと考える方が自然で、①-③と②-④と
いう2本の曲線を組み合わせたものと考えることは少ないということです。

図5.7　よい連続の要因の例

5）共通運命の要因

　共通の変化を示したり同じ動きをしたりするもの同士は、ひとまとまりに
見えやすいということです。図5.8ならば、ABC、DEF、GHIはまとまって
把握され、AB、CD、EFG、HIという分け方はされにくいということです。

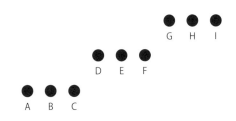

図5.8　共通運命の要因の例

5.4 錯覚

　これまで見てきたように、一般的に内外からの刺激と知覚は一致しないものですが、特に著しく一致しない場合を**錯覚**といいます。このうち、視覚における錯覚を**錯視**といいます。

　ここでは、錯視の例として錯視図形を紹介します。これらの図形は、同じ大きさや長さなのに違って見えたり、ずれて見えたり、無いものが見えたりします（図5.9、図5.10 参照）。

(1)長さが同じ

　図5.9 の(a)のミュラー・リヤーの錯視、(b)のボールドウィンの錯視は、物理的に同じ長さの線分が異なる長さに知覚されます。(c)の水平・垂直錯視は、垂直の線分の方が水平の線分よりも長く見えます。

(2)大きさや形が同じ

　(d)のジャストローの錯視や(e)のフィックの錯視は、同じ大きさの図形が置き方で違う大きさに見えます。(f)のエビングハウスの錯視や(g)のデルブーフの錯視は、同じ大きさの円が周囲を囲む円の大きさによって異なる大きさに見えます。

(3)ずれて見える

　(h)のヴントの錯視は AB と CD の2本の線分が平行には見えず、(i)のポッゲンドルフの図形は、AB が一直線ではなくずれて見えます。

(4)主観的輪郭

　図5.10 はカニッツアの三角形と呼ばれる図形で、中央に白い三角形があって、3つの黒い円と逆三角形に重なっているように見えます。このように、実際には存在しない輪郭によって三角形を知覚する現象を**主観的輪郭**といいます。実際には存在しなくても、三角形があると想像して知覚した方が、一

部が欠けた3つの黒塗りの円と3つの鋭角の組み合わせと見るよりも受け入れやすいために、このような現象が起こります。

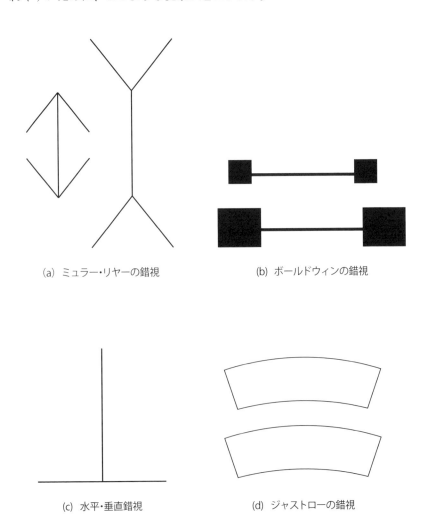

(a) ミュラー・リヤーの錯視　　　　　(b) ボールドウィンの錯視

(c) 水平・垂直錯視　　　　(d) ジャストローの錯視

(e) フィックの錯視

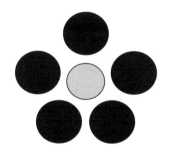 

(f) エビングハウスの錯視

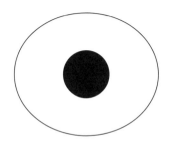 

(g) デルブーフの錯視

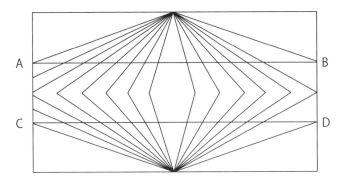

(h) ヴントの錯視

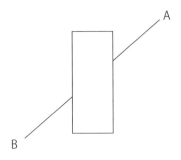

(i) ポッゲンドルフの錯視

図5.9 各種錯視図形

図5.10 主観的輪郭線の例 (kanizsa, 1976)

第6章 動機づけ

　動機づけとは、人や動物（生活体）を行動に駆り立てて、ある目標に方向づける過程や、方向づけられている状態のことをいいます。動機づけは、行動の原動力である動機、動因、欲求という生活体内部の**要因**と、行動の目標である**誘因**が想定されています。そして、動因と誘因がお互いに働き合って、生活体の行動が方向づけられている（動機づけられている）とされます。

　この章では、動機づけに関係する要因や動機づけられる状態の種類などを紹介します。

6.1 動機と誘因

(1)動機の種類

　行動の原動力である動機、動因、欲求はほとんど同じ意味で用いられます。しかし、動機の種類は研究者の間で一致しているわけでもないようです。例えば、動因は生活体の生命維持に欠かせず動物にも見られるものを、動機は他者との結びつきで生まれる欲求を指すという考え方があります。

　動機の分類は、例えばマレー、マズロー、行動主義の研究者などが行っていますが、共通点を探すと、動機はその内容で低次から高次に段階分けできるものと考えられます。

　まず、一次的な動機として、空腹や渇きのように生命維持に関わるものがあり、**生理的動機**や**ホメオスタシス性動機**などとも言われます。ホメオスタシス性動機には他に、呼吸、睡眠、排泄などへの動機づけがあります。次に、性行動を呼び起こす動機があり、**性的動機**などと言われます。さらに、他者との関わりの中で社会的行動を引き起こす**社会的動機**があり、これは二次的動機とも言われます。

　また、ホメオスタシス性の動機以外の内的要因や、怒りや恐怖などの**情動的動機**も想定されています。

(2)誘因

　誘因は食物・性的対象・金銭など、行動を引き起こして持続させる、生活体の外部にある要因です。行動は、誘因として挙げられた対象を獲得するために駆り立てられます。獲得できればうれしくて（快の感情）報酬になります。第3章で説明したように、報酬が得られた行動は強化されて、報酬を得るために再度実行するようになります。これを**オペラント条件づけ**といいます。

　また、報酬によって条件づけられることを**外発的動機づけ**といいます。

　人の場合、誘因が動因を満たすものであるという一方向的な関係だけではありません。条件づけや学習などの様々な経験により、基本的な動因が変容して、誘因が抽象的なものになり、動因と誘因がお互いに働き合って動機づけの過程に影響すると考えられています（鹿取他, 2015）。

(3)食物や飲み物を求める動機づけ

　食物や飲み物を求めて飲食という行動を起こす動機づけは、生存に必要な栄養や水分の欠乏や過剰、不均衡に対応するものです。空腹感や渇きという意識的な体験だけではなく、脳幹の視床下部で血液中の諸成分やホルモンの濃度を感受して起きるものです。例えばマウスによる実験では、視床下部の関係部位の損傷と食行動異常に関係が見られています。

　しかし、飲食は必ずしも内的変化という動因だけで起きるものではありません。例えば、満腹感や飽水感があっても、いつも夕飯を食べる時間になったから食べる、テーブルに置いてあって目に入ったから飲むということもあります。反対に、栄養や水分が不足していても、「自分は太っている」という認知の影響で飲食を制限する、ダイエットや摂食障害のような心理的要因による行動もあります。これらは、口さみしさを満たすこと、前に美味しかったと学習したこと、「スタイルがいいね」という評価を受けたいことなどの誘因による行動と考えられます。

(4)性の動機づけ

　性行動や性衝動は、基本的に性ホルモンの分泌量により起こるものと考えられます。高等ではない動物の場合、それぞれの動物に固有な性ホルモンの周期的変化に対応しています（例：発情期）。

　しかし、種が高等になるほど、性周期とは関係なく、社会的・情緒的要因により性行動を起こすようになります。人の場合、ホルモンによる生理的な動機よりも環境要因の影響が強く、性行動は学習や経験によるものと考えられています。例えば、それぞれの性体験や性知識、そこから期待される結果などによって、性行動が起きます。

6.2　情動的動機

(1)概要

　情動は情緒とも呼ばれ、「突然に、かつ短時間経験される心の激しい動き」と定義されます。いわゆる喜怒哀楽のことです。大脳の視床下部に情動を引き起こす中枢があるため、動悸や冷汗などの生理的変化も伴います。しかし、情動の表現や反応の仕方は学習されて、個々人で異なります（辰野他, 1986）。

　この節では、情動が行動を引き起す仕組みについて説明します。

(2)恐怖

　恐怖は、痛みや予期しない強い刺激、急激な状況の変化など、自分にとって有害と感じる事態や対象への情動的反応です。恐怖の対象は発達とともに、大きな音のような未知のものや感覚的なものから、想像上のものや災害など認知的なものへと移行します（辰野他, 1986）。

　恐怖に対する反応は、跳び上がる、大声を出す、身を縮める、立ちすくむ、腰が抜けるなどの驚愕反応、後ずさりや逆戻りのような後退的反応があります。これらは、初めての不慣れな状況ほど起こります。

　一般的に起きる行動は、その事態や対象から遠ざかる**逃走**です。仮に、事態や対象がはっきりしなかったり状況が変化しなかったりすると、そこから

逃走行動がとれずに不快な情動が持続します。これを**不安**といいます。

　人などの霊長類は、これから起きることを予感・予想して恐怖が生じることもあります（例：予期不安）。

(3)怒り

　怒りは、他者から身体的侵害を加えられた時、侵入や奪取のような行動的な侵害があった時、軽蔑や侮辱のような自己評価への言語的な侵害があった時、目標に対する行動が阻まれた時などに体験される情動です。

　怒りに対する行動は、恐怖と同じ逃走行動、または対象への攻撃行動です。恐怖と怒りに関与する脳内の部位は近いか重なっているため、ストレスに対する反応として「**闘争か逃走か**」反応が引き起こされます。

　攻撃行動は、対象への身体あるいは言語による直接的な行動、婉曲化したり形を変えたりした攻撃行動、さらに自分自身に向ける自罰的・自傷的行動が見られます。高等動物では、かんしゃくを起こしたり、すねたりする行動も見られます。

　なお、怒りの情動は、直接的な攻撃行動をすぐに実行できない状況で、明確に強く体験されます（鹿取他, 2015）。

6.3　内因性動機

(1)概要

　空腹や渇きが解消されたり十分な睡眠がとれたりして、ホメオスタシス性の動機が満たされても、行動が起きることがあります。例えば、人や動物は新しい刺激を求めて行動します。刺激は、自分がいる環境についての新たな情報です。刺激を求めることは、環境についての情報を集めて、そこに適応することにつながる生物学的な意味もあるものと考えられます（福田, 1991）。

(2)探索や好奇の動機

　人間は刺激がなかったり変化しなかったりすると、新しい刺激を求める行

動に出ます。これは、探索や好奇の動機によるもので、時にすぐに必要とは思えないような行動を起こすことがあります。具体的には次の通りです（鹿取他, 2015）。

　未知の状況に居ることは、強い緊張や恐れを感じます。しかし、しばらくするとそうした状況に慣れて、しだいに退屈してきます。すると、さらなる未知で不慣れな状況に進出して、新たな緊張感を味わおうとします。これを**探索的行動**といいます。探索は環境への適応という意味だけではなく、自分の活動領域を広げる意味もあります。

（３）内発的動機づけ

　人間だけではなく、他の動物にも探索や好奇の動機は見られます。例えば、猿に機械的なパズルを与えると（ハーロウによる実験）、エサなどの報酬を与えなくてもパズルを解き、何度も試行して速く解けるようになりました。また、カナダのヘッブ(1904-1985)による、ネズミを迷路に入れる実験では、エサがある場所までの最短ルートを選ばずに、遠回りをする探索的行動も見られました（高橋, 1994）。

動機づけの種類	調整スタイル	特徴	例
無動機づけ		行動しようという気持ちがない	やりたいと思わない
外発的動機づけ	外的調整	行動の価値はわからない。賞罰など外からの働きかけがあるからやる	叱られる（褒められる）からやる
	取り入れ的調整	行動の価値は理解しているが、経過よりも結果がどうなるかを重視する	恥をかきたくないからやる。不安だからやる
	同一化的調整	行動の価値を重視し、積極的に取り組む	自分の将来に必要だからやる
	統合的調整	行動と自分の価値観が一致している	自分の力を高めたいからやる
内発的動機づけ		行動が手段ではなく目的になっている	面白い、楽しい

図6.1　外発的動機づけと内発的動機づけ

　このように、活動そのものが目標となる行動を**内発的動機づけ**といいます。好奇心による内発的動機づけで学習したことは定着しやすく、さらに深い学びを生む要因にもなります。

　この内発的動機づけと外発的動機づけ(報酬という外的な要因による)は、相反するものではなく、両立しながら日常の行動に影響しています。

6.4　社会的動機

(1)概要
　社会的動機とは、家族、友達、仲間と一緒に過ごしたり働いたりする社会的行動を起こすエネルギーになるものです。生理的動機や内因性動機のように自分の内側から湧いてくるものではなく、他の人に刺激されて満たされるものです。その内容は、1人ひとりが経験してきたことによって異なります。

　代表的な社会的動機には、**親和動機**と**達成動機**があります。

(2)親和動機
　親和動機は、自分に対して好意的な相手に近づいて、喜んで協力したり、好意を交換したり、相手を喜ばせたりすることなどをいいます。

　アメリカのシャクター(1922-1997)の実験では、不安が親和動機を高めるという関係が明らかになりました。また、一般に親和動機の高い人は、一緒に働く人に有能な人よりも親しい人を選び、電話や手紙でのコミュニケーションやアイコンタクトが多いとされています(松崎, 1995a)。

(3)達成動機
　達成動機とは、高い基準や価値を自分で設定して、自分の努力で目標を達成しようとする動機のことです。すでにある基準や価値の中から目標を設定することになりますが、目標の内容や段階の選び方は人によって違います。個人が自分で設定する目標を、要求水準といいます。達成動機が高い人は、中程度の困難度の課題を選ぶ傾向にあります。反対に、達成動機が低い人

は、優し過ぎるものや難し過ぎるものを選ぶ傾向にあります。
　達成動機が高い人には次の5点の特徴もあります。

　①自信がある。
　②責任を自分で引き受ける。
　③自分の成果を知りたいと思う。
　④一緒に仕事をする人に、友人よりも専門家を選ぶ。
　⑤困難な課題に長時間粘る。

（4）達成動機に関係するもの
1）失敗回避動機と成功回避動機
　アメリカのアトキンソン(1923-2003)は、達成行動を理解するためには、達成動機だけではなく**失敗回避動機**も考える必要があるとしました。具体的には、失敗の可能性がある課題には、達成動機と共に相反する失敗回避動機も現れ、2つの間で葛藤が起きると考えました。そして、それぞれの動機の強さと成功確率から達成行動を予測しました。それによると、達成動機が強い人は、成功と失敗の確率が五分五分のような適度な困難さがある課題に魅力を感じました。これに対して、失敗回避動機が強い人は、極端に優しいか、難し過ぎる課題を選ぶ傾向にありました。
　また、ホーナー(1974)は、アトキンソンのモデルに男女差があることから、女性には**成功回避動機**が働いていると指摘しました。これは、能力の高い女性が、達成課題に対して不安を示したり課題の遂行が低下したりすることから仮定されました。原因として、仕事や勉強がよくできることと伝統的な女性の性役割観の不一致に葛藤を起こすのではないかと考えられました。
　例：成功回避動機が高い女性は、競争場面よりも無競争場面の方が成績が良かった。

2）原因帰属
　原因帰属とは、ある出来事の成功や失敗の原因を何に求めるかということです。原因帰属の仕方が動機づけに影響を与えます。

　成功および失敗の一般的な原因は、努力、能力、運、課題の難しさ、他人のサポート、疲労や体調などが考えられます。どれが自分の成功および失敗の原因と考えるかによって、その後の期待や感情に影響を与えます。

【例：失敗の原因帰属】

　能力に帰属　→「次も失敗するかもしれない…」と期待が低下する

　努力に帰属　→「次はがんばれば成功出来る」と期待が低下しない

　原因を自分の外側の要因に求めることを外的帰属、自分の内側の要因に求めることを内的帰属といいます。

6.5　自己実現の欲求

　アメリカの**マズロー**(1908-1970)は、人の欲求を5段階の欲求階層に分けました。そして、下位の欲求がある程度満たされると、順次上位の欲求満足を目指すと考えました（図6.2 参照）。

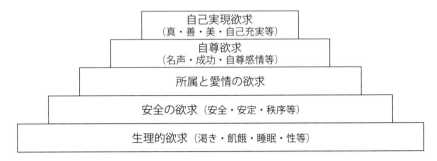

図6.2　マズローの欲求階層

　生理的欲求、安全の欲求、所属の欲求、自尊欲求は基本的欲求といいます。基本的欲求は、他者によって満たしてもらわなければならず、欠乏すると満たすために行動を起こします。

　基本的欲求が満たされると、自分の能力や可能性を現在以上のものにしよ

うという欲求が生まれます。これが自己実現欲求であり、成長欲求といいます。成長欲求は、真実、善、美、独自性、自立、完全性などを求めます。成長欲求を満たしている人を「自己実現した人」といい、表 6.1 にある 15 個の特徴を持っているとされています（マズロー,1954；中西,1987、榎本,1986 より）。

表6.1　自己実現した人の特徴

1．現実指向性	9．人類との一体感
2．自己および他者や世界の受容	10．対人関係の深さ
3．自発性	11．民主的な態度と価値観
4．問題中心的で自己中心的でない	12．目的と手段の区別（倫理的感覚）
5．プライバシーを大事にする	13．悪意のないユーモア
6．周囲に影響されない	14．創造性
7．鑑賞する力	15．同調への抵抗
8．経験の自発性	

6.6　フラストレーションとコンフリクト

(1)フラストレーション（欲求不満）
1)フラストレーションとは
　何かの理由で欲求の対象を求める目標達成行動が妨害されて、欲求が満たされない状況を**フラストレーション**（欲求不満）といいます。フラストレーションの状況に置かれると、緊張、興奮、混乱などが生じて、適切な行動がとれないことがあります。一般に、満たされなかった欲求の重要さや、その人の要求水準によって強さが変わります。また、適度なフラストレーションを経験することは、意志や忍耐力を身につけることにもつながります（辰野他, 1986; 浜村, 1994b）。
　フラストレーションの要因には、物理的な障害物、対人関係（例：親や教員の反対、絶交、失恋）、社会や文化のルールや慣習、経済的問題、身体的問題（病気、ケガ、障害）、本人の能力や考え方（価値観や思考）など、当事者

の外部や内部にあるものが挙げられます。これらの欲求を阻む障壁に対して、次のような反応を示します。

2)障壁への反応

①攻撃行動

　欲求を阻む障壁に対して、身体や言語で直接的な攻撃を加えます。予期しない障壁に急に出会った場合に起こしやすい行動で、怒りを伴います。

　障壁そのものに攻撃を加えられない場合は、八つ当たりや弱い者いじめのような転移や、自責や無気力のような自罰的な行動を起こすこともあります。

②迂回行動

　障壁の存在にあらかじめ気づいている場合には、多少手間や時間がかかっても、障壁にぶつからないように回避しながら、目標に近づく行動がとられます。

③代償行動

　当初の目標に到達困難な場合には、それと類似した代理の目標を設定してそれを得て満足することもあります。この代償行動には、合理的で社会的に認められるものから、退行（子ども返り）や逃避のような不合理で社会的に認められないものまであります。精神分析学では**防衛機制**としてまとめられています。

④異常固定

　フラストレーションに対して、解決できないとわかっている無駄な行動を行い続けることを異常固定といいます。こうした行動が起きている場合、障壁を乗り越える意欲や自尊感情が低下しています。

3)フラストレーションに耐える力

　フラストレーションに耐える力を**フラストレーション・トレランス（欲求不満耐性）**といいます。これには個人差があります。気質や性格などのパーソナリティ、障壁や目標達成に使える手段に対する知識、ルールや価値観（例：やっていいことか悪いことか）の認識などの要因が影響しながら、耐

性の強弱が発達していくと考えられています。

(2)コンフリクト（葛藤）
1)コンフリクトの型
　同じくらいの誘意性をもつ目標が2つ以上存在する場合に、どちらを選ぶか決めかねている心理状態を**コンフリクト**（葛藤）といいます。**レヴィン**(1890-1947,ドイツ→アメリカ)によると、コンフリクト状態には典型的な型が3種類あります。

- ①**接近－接近型**：どちらを選んでも良いこと（正の誘意性）がある目標なので、どちらを選ぶか決められない状況。
- ②**回避－回避型**：どちらを選んでも悪いこと（負の誘意性）がある目標なので、どちらも選びたくなくて決められない状況。
- ③**接近－回避型**：目標に良い面（正の誘意性）と悪い面（負の誘意性）があるため、決められない状況。

2)それぞれの型の影響
　接近－接近型は、欲張ってどちらの目標も取り損ねたり、より自分に近い方を選んだり、時間をずらして両方を得ようとしたりします。

　回避－回避型は、どちらの目標からも目を背けて、退行や逃避を起こしたり、不安やうつを発生させたりする可能性があります。

　接近－回避型は、目標に対して愛憎半ばのアンビバレンツ（両価性）という感情を持ち、いら立ちや不安を募らせる可能性があります。

第7章 発達

　大人と子どもを比べた時に、心理面にも違いがあるということは納得できると思います。しかし、「いつから」「どのように」「どのくらい」違うのかということを、正確に理解や説明ができるでしょうか。

　この章では、人間の心が一生の間にどのように変化するかを説明していきます。

7.1 発達の特徴

(1)発達とは

　発達とは、受胎から死に至るまでの心身の質的および量的な変化のことです。狭い意味での発達は、未熟で出来ないことが多い状態から様々なことが出来るようになる**獲得的変化**を指します。広い意味での発達は、加齢とともに出来ないことが増えていく**衰退的変化**も含みます。

　かつては、乳児期から青年期にかけて、身体や脳の機能が向上していく様子が発達の研究の中心でしたが、現在は老いて死に至るまでの変化を含めて、一生の心の変化を見ようとします。

　心の発達は身体の発達と結びついていて、切り離せないものです。そこで、この章では身体の発達も併せて説明します。

(2)発達による変化の特徴
1)方向と順序

　発達は、ある一定の方向に向かう持続的な変化です。そして、以前にあったものを基礎にして生じます。つまり、発達は連続していて、飛躍や断絶は起きません。

　身体の発達ならば「頭部から脚部」という方向や「這うから歩く」という

順序、心の発達ならば「自己中心的思考から客観的な思考」という方向や「具体的思考から抽象的思考」という順序で変化します。

2)分化と統合

　心身の機能発達は、初めは大まかなひとまとまりだったものが、次第に細かく分かれていき、その後それらにまとまりが生まれます。例えば運動発達の方向は、まず中心の体幹に近い部分の大まかな随意運動が出来るようになります。続いて、手や足の末梢的運動が調整できるようになります。そして、それらの末梢的運動が**統合**されて、複雑で高度な動きが可能になります。

3)初期学習と臨界期

　初期学習（初期体験）は、発達のごく初期における一定の学習や経験のことで、それ以後のものとは質的に異なる意味を持ち、ある行動や性格の形成に重要な影響を与えるとされています（例：精神分析学）。

　オーストリアの動物学者**ローレンツ**(1903-1989)は、発達のごく初期に生じる特殊な学習を**刷り込み**（刻印づけ）と名づけました。例えば、カモやアヒルなどのヒナが、孵化して最初に目にした動くものに愛着行動や追尾行動を見せることが挙げられます。

　刷り込みが生じる時期を**臨界期**といいます。かつては一度刷り込みが起こると、取り消しが効かないとされていました。しかしその後の研究で、臨界期は特定の刺激作用の影響を受けやすいけれども、刷り込まれた後でも多少の修正は効くと指摘されました。

　人間では、7.4 節で説明する言語の習得は、幼児期から 12 歳頃までが臨界期とされています。

4)個人差・男女差

　発達による変化の進み方は、個人や男女によって違いが見られます。つまり、同じ年齢でも到達している発達の水準は個々人で異なっています。

(3)遺伝と環境

発達には遺伝と環境の両方が関係していると考えられています。

遺伝の影響は、親からの遺伝情報で先天的に決まっている心身の特徴が、年齢が進むにつれて順番に現れるということです。遺伝を重視する立場では、学習は適切な成熟（**レディネス**）を待ってから行った方が効果的で、早すぎる学習は逆効果であるとします。例えば、アメリカの**ゲゼル**(1880-1961)の「乳児の階段登り実験」などで研究されています。

環境の影響は、「どこで」「誰に」「どのように」育てられたかなど、生後の経験や与えられた刺激が、発達に大きく影響するということです。特に、発達初期の環境や経験を重視します。例えば、**学習理論**（第3章参照）の**ワトソン**は、「自分に生後間もない子どもを預けてくれれば、どのような職業にでも育てる」と述べたといいます。

かつては、遺伝と環境のどちらの影響が強いか議論されましたが、現在は遺伝と環境の相互作用を重視する考え方が有力です。

(4)相互作用説

シュテルンは、発達を遺伝と環境の加算ととらえる輻輳説を唱えました。遺伝と環境のどちらの影響がより強いかで、現れる形質が変わると考えました。ただし、輻輳説では遺伝と環境は影響し合わないとされました。

次にジェンセンは、ある遺伝的可能性が表に出ることに、環境条件が影響すると考えました。これを環境閾値説といいます。いずれの遺伝的可能性も、一定水準以上の環境条件が整わないと表れないと考えました（表7.1参照）。

表7.1　遺伝的可能性の顕在化と環境条件の関係（Jensen, 1969より）

遺伝的形質・特性	環境条件		
	貧困	中程度	豊富
身長・発語	低	高	高
知能テストの結果	低	高	高
学業成績	低	中	高
絶対音感・外国語音韻	低	低	高

　第3章でも紹介した社会的学習理論では、社会における**観察学習**（モデリング）の影響を重視しています（例：子どもは大人を見て育つ）。

(5)発達段階
　発達には、ある年齢時期に他の年齢時期とは異なる特徴的な変化が見られることがあります。こうした特徴を手がかりにして、年齢時期をいくつかの段階に分けたものを**発達段階**といいます。発達段階を扱った代表的な理論には、フロイトやエリクソンのパーソナリティ発達の理論、ピアジェの思考の発達理論、コールバーグやアイゼンバーグらの道徳性の発達理論などがあります。

7.2　エリクソンのライフサイクル理論

(1)概要
　精神分析学者の**エリクソン**(1902-1994,ドイツ→アメリカ)は、フロイトの理論に社会・歴史の視点を取り入れたパーソナリティの発達理論を作りました。人間の一生を8段階に分けて、各発達段階に固有の**発達課題**（達成が必要なタスク）と、それを達成できなかった場合に生じる危機があると考えました。

(2)各発達段階と発達課題
1)乳児期(生後24か月まで)
　乳児が不快な状況を泣いて訴えた時に、養育者（主に母親）が対処してくれると、養育者（他者）を信頼できると同時に、自分の力も信頼できるようになります。これを**基本的信頼感**といいます。
　一方、養育者に対処してもらえないと、不安や怒りが生じて他者も自分も信頼できなくなります。これを**基本的不信感**といいます。

2)幼児期前期(2歳〜4歳)
　筋肉が成熟して自分の意志で行動できることが増える体験によって、**自律**

性が身につきます。反対に、うまく行動できないと**恥・疑惑**につながります。

3）幼児期後期（4歳〜6歳）

　身体機能の発達とともに、絶えず動き回って、周囲を探索したり何かを試したりした結果、好奇心が刺激されて**自発性**が育ちます。一方、このような探索行動や試行を叱られると、**罪悪感**を持つようになります。

4）児童期（6歳〜11歳）

　学校や友人などの社会集団への参加や、そこでの競争に適応することで、**勤勉性**が育ちます。反対に、参加や競争がうまくできないと、**劣等感**を持つようになります。

5）青年期（12歳〜20代）

　「自分とは何者か」「人生の目的は何か」という**自我同一性（アイデンティティ）**の獲得が課題で、エリクソンは特にこの時期を重視しました。

　反対に、価値観や生き方が定まらないと、**自我同一性の拡散**につながります。具体的には、自意識の過剰（誇大または卑屈）、選択の回避・麻痺（アパシー症候群）、対人的距離の失調（ヤマアラシのジレンマ）、時間的展望の拡散（将来が見えない）、否定的同一性の選択（非行・犯罪）等が起こります。

6）成人前期（20代〜30代）

　自己を確立して、他者に飲み込まれたり疎遠になったりしない付き合いができると、**親密さ**を得ることが出来ます。反対に、自己の確立が不十分なために、他者と親しい関係が築けないと**孤立**します。

7）成人期（30代〜60代）

　この時期に定まった職業や家族の生活様式を基盤にして、生み出すこと、育てること、世話をすることを行います。これを**生殖性**といいます。生殖性が弱く発展性が見られない場合、**停滞**を感じるようになります。

8)老年期(60 代以降)

　自らの人生を振り返って満足できるものであるならば、**統合**の感覚を得ることが出来ます。そうならなかった場合は、生きるに値しなかったと思い、**絶望**に陥ることになります。

7.3　ピアジェの認知発達理論

(1)概要

　スイスの**ピアジェ**(1896-1980)は、認知（思考）の発達過程を、初めは直接的な身体活動によって思考し、しだいに表象を媒介にした思考が可能になると考えました。具体的には、「感覚運動期」から始まり、論理的思考が可能な程度で「前操作期」「具体的操作期」「形式的操作期」と段階化しました。

　ピアジェは、この 4 つの段階は始まる年齢に個々人で差があっても、生じる順序は変わらないと考えました。

(2)各発達段階と特徴

1)感覚運動期（生後 2 歳頃まで）

　身体の感覚と機能（例：口に入れる、吸う、つかむ、叩くなど）によって、外界の事物や環境を認識して適応する時期です。言葉を獲得し概念的知能が働くようになるまでは、身体の感覚と運動によって知的機能を発達させます。

2)前操作期（2 歳頃から 7-8 歳頃まで）

　概念やイメージの使用が可能になることで、しだいに直接的な身体活動を必要とせずに、頭の中でものを考えることが出来るようになります。

　しかし、主観と客観が未分化であるため、他者の視点で外界を認知することが難しく、自分の視点からの見え方にこだわる**自己中心的思考**をします。また、論理的思考が困難で、部分と全体の統合力が欠けています。このため、物の外観（見た目）に思考が影響されやすくなります。

　以上のような特徴から、前操作期は、図 7.1 のような**保存課題**の解決が困

難です。見た目は変わっても数や長さは変わっていないことがわからないからです。

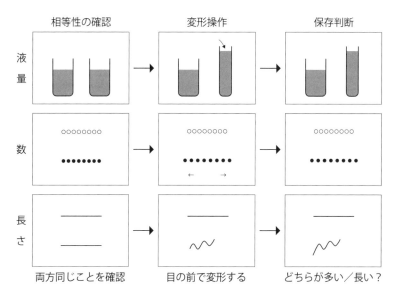

図7.1　保存課題の例

3）具体的操作期（7-8 歳頃から 11-12 歳頃まで）

　自分が具体的に理解できる範囲では、論理的に思考したり推理したりできるようになります。このため、思考が知覚から受ける影響が減少し、他者の視点からものを見ることができるようになります。さらに、容器や置き方を変えるなどして形が異なっても、量や長さは保存されることを理解できるようになります。このため、図 7.1 の保存課題が解けるようになります。このように**自己中心的思考**から脱却することを、**脱中心化**といいます。

　しかし、抽象的・形式的な事物を扱うことはまだ苦手とします。例えば、重さはわかっても密度は理解できません。

> 【抽象的思考の例】
> ➤ 木、石、鉄が水に沈むか浮くかはわかる。
> ➤ その理由が重さにあることはわかる。
> ➤ しかし、小さな鉄球が沈んで、大きな木が浮く理由はわからない。

4)形式的操作期（11-12歳頃以降）

具体的な事象にとらわれず、抽象的な思考が可能になります。例えば、「もし○○であれば、△△であろう」と仮説を立てて検証し、推理することや、**三段論法**（下記参照）が使えるようになります。

ただし、抽象的な対象を扱う論理的思考（形式的操作）は、成人でもいつも、どのような領域でも行うわけではないという説もあります。

> 【三段論法の例】
> ① アイはミカより身長が低い
> ② ナオはミカより身長が高い
> ③ 身長は、ナオ、ミカ、アイの順番で高い

7.4 音声言語の発達

(1)養育者の働きかけ

音声言語の発達は、乳児の頃から養育者が乳児に話しかけたり子守歌を歌ったりするという、言語的な働きかけを行うことで促されます。

言葉を獲得する前の乳児と養育者との間では、非言語的手段によるコミュニケーション（前言語的コミュニケーション）の役割が大きくなっています。乳児は、自分の内的状態や外的刺激に対応して、泣く、身体を動かす、表情変化、視線などの反応を反射的に起こします。養育者はこのような動きに誘発されて、乳児を世話します。これらは初め反射的・本能的に行われますが、親子のやり取りの基礎になります。例えば、母親からの働きかけ（言葉かけなど）に、乳児は表情を変えたり身体をリズミカルに動かしたりします（エントレインメント）。

(2)音声言語行動の変化

　音声言語行動は、誕生から 10 歳前後までに次のような行動変化が起きると
考えられています(鹿取他,2015 など)。

1)乳児期

　誕生からしばらくは、整った形の音声ではなく、ただ泣き声を上げるだけ
ですが、生後 2 か月頃になると「クー」とか「グー」と聞こえるような音を
発するようになります。これを**クーイング**（cooing）といいます。

　その後 4〜6 か月頃になると、音声の高さや長さを変化させたり、あごや舌
などの構音器官を動かして音を発したりする「口の体操」のようになります。
これを**喃語**といいます。クーイングも喃語も、特に機嫌が良い時に発せられ
ます。喃語は、4〜6 か月頃に「アウー」や「バブー」のような少数の 1 音節
で始まり、6〜8 か月頃に「mamama」とか「dadada」のように多音節を規則
的に反復するものになります。

　喃語は、聴力に関係なく耳が聞こえなくても現れます。また、母国語の音
韻体系の中に見られない音も発しますが、やがて養育者や周囲の人との音声
的なやり取りを通して、特定の言語（母国語）の音韻体系に同化します。

2)幼児期前期

　一般に、生後 1 歳前後からコミュニケーションの道具として言葉を習得し
始めます。1 歳半頃になると、一語発話（単語）あるいは二語発話（2 つの単
語を組み合わせる）で、自分の思いを伝えるコミュニケーション行動を取る
ようになります。初めての一語発話を初語といいます。

　2 歳頃以降、語尾を上げ下げして異なる意味を伝達する語形変化、ものの
名前を「何？」と聞く疑問、否定などを行うようになります。3 歳頃には日
常会話がほぼ可能になります。

3)幼児期後期以降

　5 歳頃には珍しいあるいは複雑な文の組み立てをできるようになり、10 歳

頃に完成した言語を使えるようになります。

(3)音声言語が十分に発達しない事例

　以上のように、言葉の学習は、言葉を話す人と接することが必要であり、一定の発達段階に達しないとできません。このことを実証する研究として、**野生児**の事例が挙げられます。

　野生児とは、様々なきっかけで非人間的な環境で育ち、幼少期に言葉に接する経験がなかった子どもたちのことです。例えば、1799 年にフランスのアヴェロンの森で見つかった推定年齢 12 歳前後の野生児、1920 年にインドで狼に育てられた 2 人の少女、1970 年にアメリカで室内に隔離監禁されていた 13 歳半ほどの少女の事例が挙げられます。これらの事例では、語彙や文法の理解や発話が十分でなかったと報告されています。

　このことから、音声言語を習得できる時期は限られていて、言葉にほとんど接することなく 10 年以上過ごすと、完全な習得が困難になるものと考えられます。

7.5　道徳性の発達

(1)精神分析学による見方

1)道徳性と心の構造

　フロイトが提唱した**精神分析学**では、人の心を構成する**イド（エス）**、**自我**、**超自我**の働き（第 2 章参照）から、道徳性の発達を説明しています。

　イドは、生得的に無意識の世界にあって、現実に関係なく欲求を満たすことだけを求めます（快楽原則）。自我は、周りとの接触につれてイドから派生してできて、現実的に問題解決を目指します（現実原則）。超自我は、良心や理想を含んでいて、自我から派生してできます。

　この超自我が道徳的行動と関係していて、初めは外部からの禁止や罰で行動がコントロールされていますが、しだいに自分の内部に道徳的な基準ができて、それに沿って行動をするようになります。

　イド、自我、超自我が生じる時期は、次の性的発達段階で説明します。

2)フロイトの性的発達段階

　フロイトは、人間の様々な行動の源として性欲（**リビドー**）を重視しました。そして、成人だけでなく子どもにもリビドーがあると考えました。成人のリビドーは、性器による性行為によって満たされる相手が必要です（対象愛）。一方、子どものリビドーは、身体の一部が性感帯（性欲充足に主要な役割を果たす部位）となり、自分だけで満たせるとしました（自体愛）。

　性感帯は、口唇、肛門、男根、性器の順に発達し、ここから子どもの発達段階を考えました。そして、各発達段階でリビドーが十分に満たされたか、足りなかったか、過剰だったかによって、その段階へのこだわり（**固着**）が生じ、性格形成に影響を与えると考えました。

---

①**口唇期**：生後 1 歳前後まで。吸乳時の口唇快感がリビドーを満たす。離乳により抑制される。固着による口唇性格は依存傾向が強い。
②**肛門期**：1 歳から 3 歳前後まで。排泄時に肛門・尿道快感がリビドーを満たす。トイレットトレーニングで抑制される。固着による肛門性格は几帳面や頑固さなどがみられる。
③**男根期**：3 歳から 6 歳前後まで。ペニスやクリトリスで快感を求めるが、見つかると叱られる。異性の親に性愛的愛着を求めて、同性の親を敵視する。固着による男根性格は攻撃的・復讐的である。
④**潜伏期**：6 歳から 12 歳頃まで。性的活動が減退し、興味の対象が外部に向く。リビドーが運動技能や知識の獲得などに**昇華**される。
⑤**性器期**：第 2 次性徴以降。身体の成熟とともに生殖機能が身につき、リビドーを向ける相手を求める。性器期性格は、健康な愛と労働の能力を持った健康なパーソナリティである。

　イドは生まれつき持っているので、口唇期はイドにより行動します。肛門期以降は自我の働きが見られるようになります。男根期には、同性の親を敵視する気持ち（エディプスコンプレックス）と、同性の親と同じようになりたいという気持ち（同一視）から、超自我が形成されます。

(2)道徳性の認知発達

1)規則意識の発達段階論

　ピアジェは、善悪の判断が発達により変化するとしました。子どもに過失と故意を含む物語を聞かせて、登場人物の行為の善悪を判断させました（物語例参照）。すると、8〜9歳を境に、判断が結果論（何がどのくらい失われたか）から動機論（それをした理由）に移行することがわかりました。

【物語例（どちらが悪いでしょう）】
　場面1：ユキノはお母さんの手伝いをしていたら、手が滑って物をたくさん壊してしまった。
　場面2：レイナは部屋で遊んでいたら、物を1つ壊してしまった。

　また、ピアジェは子どものルールの理解や実行について観察して、道徳性は次のように発達すると考えました。

---

　① 道徳的判断を持たない段階
　② 大人の権威に従う段階（7、8歳まで）
　③ 絶対的な平等主義の段階（11、12歳まで）
　④ 周りの状況も考慮しながら、自分の判断を重視する段階

---

2)コールバーグの発達段階論

　アメリカの**コールバーグ**(1927-1987)は、ピアジェの考えをもとに、道徳性の認知発達を6段階に分けました。

---

　① 罰を回避する段階
　② 報酬を得る段階
　③ 良い子である段階
　④ 社会秩序を守る段階
　⑤ 民主的な法に従う段階
　⑥ 良心に従う段階

　この段階は、法・規則・権威に対する判断で変化するものとされています。

3)役割取得

他者の立場に置かれた自分を想像することで、他者の意図や態度、感情や欲求を推論することです。セルマンらは4歳から10歳までを対象に調査して、役割取得能力が次の4段階を経て発達するとしました（相川, 1991）。

---

① 自己中心的：他者の感情を理解しつつ、自分の感情と混同する
② 主観的：他者にある様々な感情はわかるが、相手の立場で考えられない
③ 自己内省的：他者が自分をどう思うか予測できる
④ 相互的：人がお互いに相手のことを考慮して行動することがわかる

（3）向社会性理論

他の人のためにする自発的行動を**向社会的行動**といいます。アイゼンバーグは、他者を支援すると自分が損をするような場面（**向社会的な道徳ジレンマ**）での判断から、向社会的道徳判断の発達段階を次の6段階に分けました（松崎, 1991; 光富, 1991; 高尾, 1997; 高尾, 2001）。

---

① 快楽主義的、実際的志向：自分の損得中心に考える
② 他者の要求志向：他者の要求に言及して判断する
③ 承認および対人志向、紋切型志向：他者から褒められることを行う
④ 共感的志向：共感的反応や役割取得により判断する
⑤ 内面化された段階：内面化された価値基準や他者尊重の立場で判断するが、まだ十分ではない
⑥ 強く内面化された段階：⑤の判断基準がより強く内在化されている

アイゼンバーグは、①は小学生に見られる段階、②は小学生から中学生にかけて多い、④は中高生で多く、⑤⑥は高校生に多いとしています。これは、日本の調査（宗方ら, 1985）でも同様でした。

（4）道徳行動の学習

道徳行動は、**学習**（第3章参照）によって身につく部分もあります。特に社会からの**強化**（行動にごほうびや罰を与える）や、他の人の行動を観察・模倣して学ぶ**観察学習**（モデリング）の効果が大きいとされています。

　多くの研究で、他者が心遣いをしている様子を見る機会があると、自分も思いやりや支援を行うようになるという結果が出ています。

7.6　発達障害

(1)発達障害とは

　発達障害とは、心身の発達が見込まれる一定の順序性や生活年齢に見合った到達度を得られずに、全般的な遅れや得手不得手の偏りがある状態です。近年、学校や職場での不適応の要因に挙げられることがあります。

　ここでは、知的障害、自閉症、学習障害、注意欠如／多動症を紹介します。

(2)知的障害

　精神遅滞とも言われ、①「**全般的な知的機能**（思考、記憶、表現などの能力の総体）が同年代と比べて明らかに低いこと」、②「**適応機能**（集団の中で、ルールや周りの様子や状況を理解し、それらに自分の行動を合わせる能力）がその年齢に対して期待される水準より低いこと」、③「18 歳までに生じること」という 3 つの基準により診断されるものです。

　原因は、出生前要因（遺伝、染色体異常、胎内環境など）、周生期要因（低栄養、低酸素、感染症など）、出生後要因（外傷、感染症、不適当な養育環境など）に分類されます。人口の 1〜2％程度存在し、男性が女性の 1.5 倍多いとされています（小林・稲垣, 2011）。

(3)自閉症スペクトラム障害

　自閉症スペクトラム障害には次の症状が見られます。

1)社会的コミュニケーションや対人的相互作用の問題

　相手との距離が近すぎたり一方的だったりする、通常の会話のやり取りができない、興味や感情を他者と共有しにくいなど、他者とのやり取りが苦手です。

　また、表情や視線などの非言語的メッセージや暗黙の了解、冗談を使ったり理解したりすることが苦手です。

2）興味や行動の範囲が狭い

　同じ動作を長時間繰り返す、独特な言い回し、反響言語（意味に関係ないおうむ返し）がみられます。

　また、行動や習慣を変えることが苦手です。

3）感覚刺激に対する過敏さと鈍感さ

　ある感覚刺激を過度に嫌がったり熱中したりします。

　自閉症の全体の8割程度で知的障害が見られるとされ、知的障害を伴わない残りの2割（IQが70以上）は、特に「**高機能自閉症**」と言われます。

　3歳位までに現れ、中枢神経系に何らかの要因による機能不全があると推定されます。つまり、保護者の養育や心因による障害ではありません。人口の1〜2％程度に出現し、男性は女性の4倍多いとされています。

（4）学習障害

　知的な問題はないのに、読む、書く、計算する、聞く、話す、推論するという6つの基本的学習能力の中に、他と比べて極端に苦手なものがあります。原因は何らかの脳機能の障害があると考えられています。出現率は2〜5％、男性が女性の3〜5倍多いとされています。

（5）注意欠如／多動症

　不注意、多動性、衝動性という3つの行動上の問題があります。

　1）**不注意**：特定のことに意識を向け集中を持続することが苦手である。

　2）**多動性**：周りの刺激に反応してしまい、本人の意識とは関係なくいつの間にか動いてしまう。

　3）**衝動性**：頭の中で考える前に行動してしまう。

　原因は、中枢神経系に何らかの要因による機能不全があると推定されています。問題の発生は7歳以前にあり、その後も継続します。出現率は、研究により幅がありますが、学齢期で3〜7％とされています。男性が女性より2〜9倍多いとされています。

第8章 対人関係の発達

　人間は一生の間に様々な人間関係を経験します。生まれてすぐは、養育者との親子関係や家族との関係が生まれます。次に、保育園や幼稚園、さらに小学校へ行くようになると、保育者や教師などの大人との関係も生まれます。さらに、学校での子ども同士の関係が生まれます。学校を卒業した後には、職場や地域社会といった広い範囲の人間関係が生まれます。

　この章では、発達による対人関係の移り変わりを見ていきます。

8.1 乳児期の対人関係

(1)乳児期の親子関係

　人間は自力での移動が困難な**生理的早産**の状態で生まれてくるため、世話をしてくれる養育者との関係が、初めて経験するかつ重要な対人関係であると考えられています。例えば、精神分析学で説明するように性格形成や、音声言語行動の獲得などにも大きな影響を与えるとされています。

(2)親子間のコミュニケーション

　乳児は母親の言葉がけに合わせて、表情を変えたり身体をリズミカルに動かしたりしています。これを**エントレインメント**（**相互同調性**）といい、アメリカのバウアー(1932–)は「人間が生まれつきコミュニケーション能力を持っている証拠である」としています。

　また、ソースらの実験では、高いところに乗せられた乳児は、母親の方を見ました。この時に、母親が笑顔でいれば安心し、母親が心配な顔をしていたら不安になりました。つまり、乳児は、大人の表情やしぐさを見て状況判断していると考えられます。

(3)愛着理論

　乳児は養育者（主に母親）に対して**愛着（アタッチメント）**という「特定の個体に接近して親密かつ情緒的な絆を結びたいという欲求」を示します。愛着に関する研究は、アメリカの**ハーロウ**(1905-1981)、イギリスの医師で精神分析家の**ボウルビィ**(1907-1990)、アメリカの**エインスワース**(1913-1999)らの研究が有名です。

1)ハーロウの猿の代理母実験

　ハーロウは、生まれたばかりの猿を親からすぐに引き離して、2種類の代理母模型のいる部屋に入れました。模型1は**針金製**の母親模型で、模型2は**布製**の母親模型でした。そして、この2体の代理母親を使って、2種類の育て方をしました。

　条件1では、布製母親から授乳されました。この場合、猿はずっと布製母親のもとにいました。条件2では針金製母親から授乳されました。この場合は、猿は授乳時には針金製母親のもとに行きますが、それ以外の時間は布製母親のもとにいました。

　別の実験では、猿が2種類の母親模型といる部屋に、猿を怖がらせるために動くぬいぐるみを入れました。すると、どちらの条件でも猿は布製母親にしがみつきました。そして時間が経つと、布製母親を活動の拠点にして探索行動を行うようになりました。

　以上の実験結果から、猿は授乳でお腹を満たしてくれるかではなく、接触がもたらす安心感によって、布製母親に愛着を持ったのではないかと考えられました。

2)ボウルビィの研究

　ボウルビィは、愛着対象への接近や接触を**愛着行動**と呼び、その内容や発達による変化を表8.1と表8.2のようにまとめました。

表8.1　愛着行動の内容（森，1997 より）

カテゴリー	内容
発信行動	泣く、微笑、発声など
定位行動	注視、後追い、接近など
能動的身体接触行動	よじ登り、抱きつき、しがみつきなど

表8.2　愛着の発達（森，1997；真島，2001 より）

段階	年齢	概要	内容
第1段階	誕生から生後8-12週	愛着形成前	全ての人に対して反応や行動する
第2段階	12週から3-6か月	愛着形成	特定の人への好みが見られる
第3段階	6か月頃から2-3歳	明確な愛着	特定の人と他の人をはっきりと区別する
第4段階	3歳前後	目標修正的協調関係	愛着対象と離れても、心の中にその存在を保って絆を感じられる

3)エインスワースの研究

　エインスワースは、1歳児を対象に愛着行動を観察する研究を行いました。これをストレンジシチュエーション法といいます。この方法は、愛着行動が活性化するとされる危機的場面に乳児を置いて、その行動を別室で観察する方法です。具体的には、乳児を見知らぬ部屋に連れて行き、母親との分離や再会などの8つの場面を経験させます（表8.3 参照）。その時の乳児の行動から、母親との愛着の様子を分類します（表8.4 参照）。

　愛着のタイプは、まず母親との分離時に悲しむかどうかで分けられます。悲しまないと回避群になります。悲しんだ場合は、母親との再会時を観察して、すぐに悲しみが慰められたら安定群、簡単に慰められなければ両価群に分けられます。

表 8.3　ストレンジシチュエーション法（繁多, 1987 より）

場面	時間	内容
場面 1	30 秒	実験者が母子を部屋に案内。母親は子どもを抱いて入室。実験者は子どもを降ろす位置（おもちゃがある）を指示して退室。
場面 2	3 分	母親は椅子に座り、子どもはおもちゃで遊ぶ。
場面 3	3 分	見知らぬ人が入室。母親と見知らぬ人はそれぞれの椅子に座る。
場面 4	3 分	【1 回目の母子分離】母親は退室。見知らぬ人が子どもに働きかける。
場面 5	3 分	【1 回目の母子再会】母親が入室。見知らぬ人は退出。
場面 6	3 分	【2 回目の母子分離】母親が退室。子どもは 1 人きりになる。
場面 7	3 分	見知らぬ人が入室。子どもを慰める。
場面 8	3 分	【2 回目の母子再会】母親が入室。見知らぬ人は退出。

表 8.4　愛着の 3 タイプ（繁多, 1987 より）

タイプ		概要	日本での出現率
A タイプ	回避群	親への接近・接触要求が少なく、分離時の泣きや再会時の歓迎も見られない。	6.2%
B タイプ	安定群	親を安全基地として積極的に探索行動を行う。親への接近・接触要求が強く、分離時には泣き、再会時には歓迎する。	79.2%
C タイプ	両価群	分離時は強い悲しみを示し、再会時は悲しみや不安がなかなか収まらない。	14.6%

(4)大人の愛着

　ボウルビィは、発達初期に作られた愛着関係が、後に家族以外との人間関係の原型になると考えました。これを**愛着のワーキングモデル**といいます。大人の愛着のモデルは、「他者が自分を支援してくれる」とイメージするか(他

者評価）と、「自分が他者に支援してもらえる」とイメージするか（自己評価）の組み合わせで4タイプに分類されます（図8.1 参照）。

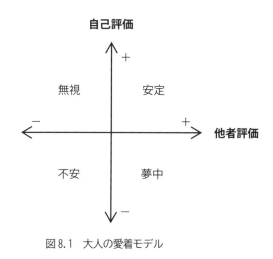

図8.1　大人の愛着モデル

8.2　幼児期の対人関係

(1)幼児期の親子関係

1)母親からの分離

　生後6-8か月には愛着の対象（主に母親）とそれ以外の人を区別して、**人見知り**が見られるようになります。精神分析家のスピッツ(1887-1974)はこれを**8か月不安**といい、母親からの**分離不安**の一種と考えられました。

　また、3歳前後になると、その場に母親がいなくても母親の存在を心の中に定着（内在化）させて、探索行動が出来るようになります。すると、母親や家族以外の人間にも興味を持って接するようになります。精神分析家のマーラー(1897-1985)は、この過程を**分離－個体化過程**としてまとめました。

　マーラーによると、生後9-14か月頃に母親との共生から離れて、外界の探索を始めます。そして、14-24か月頃に母親に近づいたり離れたりをしてみ

ます。こうした経験を経て、25-36か月以降に、その場に母親がいなくても自分の心の中に情緒的に安定した母親をイメージして、母親から離れて自分の周りの世界で過ごす個体化を確立していくとされています。

2)第一反抗期

3歳前後になると、運動能力と言語能力が発達することで、自力でいろいろなことをやりたいという気持ちが芽生えます。この結果、自分の能力の限界を超えた主張をするようになります。このような時期を**第一反抗期**といいます。例えば、親の言うことを聞かない、食事や排せつなどの基本的生活習慣を嫌がる、親の手を借りずに何でも自分でやりたがるなどが見られます。

反抗は4-5か月程度続きます。その間、養育者は育児に悩み、自信喪失になることもあります。しかし、子どもにとっては、自分の主張が受け入れられない経験は、自分以外の視点や考えがあることを知る機会になります。この結果、**自己中心的思考**（第7章参照）が変化することにつながります。

(2)幼児期の友人関係

1-2歳頃になると、母親との接触が減り、遊具や同年代の子どもとの接触が増えます。この結果生まれる遊びを通して、人間関係を作っていきます。ただし、幼児期の子ども同士の遊び方は、児童期以降の遊び方とは異なることに注意が必要です（佐々木,1997）。

具体的には、1-2歳頃は、他の子どもが同じ場所にいても、それぞれで遊ぶ**ひとり遊び**や**平行遊び**を行います。2歳頃から他の子どもへの関心が生まれ、その動作に注目して眺めたり模倣したり補ったりする、**傍観者的行動**や**協調行動**が見られるようになります。3歳頃には、一緒に何かをして遊ぶという**連合遊び**や**共同遊び**が増加します。4〜5歳になると、イメージを共有した「ごっこ遊び」が始まり、遊びの中に役割の分担が生じます。

8.3 児童期の対人関係

(1)児童期の親子関係

　児童期は、親や家族と関わる時間が減って、学校や地域の中で同年代の子どもや教員など家族以外の大人と過ごす時間が増えます。そして、子ども同士で協力したり競争したりしながら、勉強や運動などの与えられた課題を達成し、それらに教員らの大人から評価を受けることが重要な課題になります。その際に、親からの支援を受けられない機会が増えていきます。

　しかし、友人関係を作る時には、家族の中で見たり体験したりしてきたコミュニケーションを参考にします。つまり、親子関係が間接的に教員や友人との関係に影響します。

(2)児童期の友人関係

1)友達を選ぶ要因

　幼児期には、クラスの仲間のほとんどが仲良しという感覚でしたが、児童期の間に徐々に交友範囲が絞り込まれていきます。田中(1975)によると、友人を選ぶ要因は4種類あります。

> 1）**相互的接近**：家や席が近い人と仲良くなる。
> 2）**同情・愛着**：感じがよい、親切で優しい、かわいい人と仲良くなる。
> 3）**尊敬・共鳴**：学業や人格が優れている子ども、性格や趣味の一致する人と仲良くなる。
> 4）**集団的協同**：教え合える、助け合える、グループがまとまる人と仲良くなる。

　相互的接近は、幼児期から児童期の初めにかけては重要な要因ですが、年齢が上がると減少します。同情・愛着はどの発達段階でも見られます。尊敬・共鳴は、中学2年生頃に最も重視される要因になります。集団的協同は成人の友人選びでは2番目に重視されています（表8.5参照）。

表8.5　幼稚園児から成人までの友だち選びの要因（田中，1975より）

	幼稚園 5歳	小1 6歳	小2 7歳	小3 8歳	小4 9歳
相互的接近	約50%	約25%	10%台前半	10%台前半	10%台後半
同情・愛着	約50%	50%台前半	60%台前半	約65%	50%台後半
尊敬・共鳴	5%未満	20%台前半	20%台前半	20%台前半	20%台前半
集団的協同	0%	0%	5%未満	5%未満	5%未満

	小5 10歳	小6 11歳	中1 12歳	中2 13歳	中3 14歳
相互的接近	10%未満	10%未満	10%未満	10%未満	約5%
同情・愛着	50%台前半	50%台前半	40%台後半	30%台後半	30%台後半
尊敬・共鳴	30%台後半	30%台前半	約40%	約40%	40%台後半
集団的協同	5%未満	10%未満	約5%	10%台前半	10%台前半

	高1 15歳	高2 16歳	高3 17歳	大学生 18〜25歳	成人 26〜52歳
相互的接近	10%未満	10%未満	10%未満	5%未満	10%未満
同情・愛着	30%台前半	20%台前半	20%台後半	10%台後半	10%台前半
尊敬・共鳴	40%台後半	50%台後半	50%台前半	60%台後半	50%台後半
集団的協同	約10%	10%前半	10%前半	10%台前半	20%台前半

2)ギャング・エイジ

　児童期の中期・後期になると、自発的に仲間集団を作り、同じ目的を持って一緒に行動するようになります。このように、仲間同士の結びつきが強く、他を中に入れない集団を**ギャング・グループ**といいます。そして、こうしたグループができる時期を**ギャング・エイジ**といいます。

　ギャング・グループは、4〜8人程度の同性のメンバーで構成されています。グループ内の役割分担やリーダーとフォロワーが明確で、メンバーだけに通用する約束事があります。仲間以外の個人や集団を受け入れず、大人（親や教員）の干渉を嫌い、それらに対する秘密を持ちます。

　このような仲間集団は、時に反社会的な行動を起こすこともありますが、

集団に属することへの誇り、共同、助け合い、忍耐力などを体験的に学べます。このような体験は、青年期に友好的な対人関係を作る基礎になります。

　また、ギャング・エイジの頃は、大人よりも仲間を頼りにしてついていく傾向が見られます（佐々木, 1997; 中山, 2001）。

3）他の子どもから好かれる理由

　小林(1997)によると、児童を他の子どもたちからの評価によって、人気児（多くの子どもから選ばれる）、拒否児（多くの子どもから避けられる）、周辺児（選ばれるが選べない）、矛盾児（選択と拒否がほぼ同数）、無視児（選ばれない）に分類して、他の子どもから選ばれるあるいは避けられる行動を分析した結果、次の特徴がありました。

　人気児は初対面では相手にあまり積極的に話しかけずに、相手の会話や遊びに合わせて働きかけていました。一方、拒否児や矛盾児は、初めから自分のペースで相手に話しかけていました。人気児のように相手に合わせることを**協調性**といいます。

　別の研究では、人気児には協調性とともに、自分から他の子どもを誘ったり自己主張をしたりする**積極性**もあるという結果が出ました。一方、拒否児は協調性と積極性がともに低く、無視児は協調性があるけれども積極性が低いために、どちらも他の子どもから誘われていませんでした。

【友人関係の調査方法】
　集団のメンバーの中での好き嫌いを調べる**ソシオメトリー**という方法があります。集団の中で好きなメンバーと嫌いなメンバーを数名ずつ挙げてもらう指名法と、メンバー1人ひとりをどのくらい好きか（例えば5段階）評価してもらう評定法があります。
　指名法で得られた結果を図（**ソシオグラム**）や表（**ソシオマトリックス**）に集計すると、集団内の関係（人気の有無）や小グループがわかります。

8.4　青年期の対人関係

(1)青年期の親子関係

　第2次性徴により大人の身体になると、自信ができるとともに、身体と心の発達がアンバランスになり、不安が生まれることもあります。この結果、自分の独立欲求や自己主張に、状況理解や問題解決の能力が釣り合わないために、気持ちの処理や環境への適応ができずに反抗的な態度を取ることがあります。このような時期を**第二反抗期**といいます。

　こうした反抗を経て、**自我同一性**を確立し、親からの心理的な独立を達成していきます。これを**第二の個体化**といいます。

(2)青年期の友人関係

1)チャム・グループ

　ギャング・グループの次に作られます。このグループは、中学生頃に作られて女性に顕著に見られます。特徴は、内面的な類似性の確認により一体感を持つことで、いわゆる「仲よしグループ」です。趣味やクラブ活動などで結ばれ、境遇や生活感情などを含めて、お互いの共通点や類似性を言葉で確かめ合います。

2)ピア・グループ

　チャム・グループの次に作られます。このグループは、高校生頃に作られます。特徴は、チャム・グループの関係の上に、互いの価値観・理想・将来の生き方などを語り合い、異質性をぶつけ合います。そして、他者との違いを明らかにしつつ、自立した個人と共存できることを目指すグループです(図8.2 参照)。

3)親友との出会い

　中山(2001)によると、小学5年生、中学2年生、高校2年生が友達と一緒に行うことを比較したところ、「一緒にゲームをする」は小学5年生がピーク

だったのに対して、「互いの考えを話したり聞いたりする」や「身の上話」は年齢が上がるにつれて増加しました。

　このように青年期になると、単に一緒に遊ぶことから相談をしたり励ましあったりするような相互の信頼関係を持てる友だちができることがあります。これを**親友**といいます。親友という特別に親しい友人との付き合いが、思いやりや集団規範などをさらに強めます。

　また、青年期の良い友人関係が、精神疾患の発症やパーソナリティ障害の発生など、心理的問題を抑制するという見解もあります。

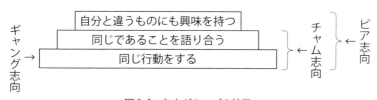

図8.2　友人グループの特徴

8.5　成人期以降の対人関係

(1)成人期以降の親子関係
1)親になる

　成人期になると、就職や結婚によって親から心理的にはもちろん経済的にも独立します。そして、親世代とともに同じ成人期を過ごして、エリクソンの言う「**生殖性**」を発揮して、生み出すことや育てることで社会に貢献するようになります。

　そして、子どもができることで、自分が親になって新しい親子関係を築くことになります。しかし、子どもが生まれたら自動的に親になれるわけではありません。子どもが親から学ぶように、親も子どもとのやり取りから学んで親らしくなります。そして、自分が親に育てられたことを思い出すことや、自分のきょうだいや親族、近所の子育て世代の様子を見ることからも学びま

す。つまり、成人期の親子関係は、社会人として親としてどのように振る舞えばよいかを、親から学ぶ時期ともいえます。

　しかし、少子高齢化社会の中で、親以外に観察できる身近なモデルが減っているという問題があります。

2）空の巣症候群

　ある時期が来ると、子どもは卒業、就職、結婚などで親から独立します。子育てにエネルギーを注ぎ過ぎて、このようなライフイベントをうまく受け入れることができないと、後に残された親は虚脱感や抑うつ感を覚えます。これを**空の巣症候群**といいます。

(2)成人期以降の友人関係

　成人期には、結婚や出産で新たな家族ができたり、職場で責任のある地位が任されたりするなど、仕事や育児を頑張るためのわかりやすい目標があります。しかし、成人期後期や老年期になると、様々な**喪失**が生じて、目標が立てにくくなります。

　子どもの独立や自身の退職などによって、家庭や職場での役割が喪失・減少します。また、身体的機能の衰えによりできないことが増えます。さらに、親や配偶者など肉親との死別を経験します。

　これらの喪失体験とそれに起因する**悲嘆反応**は、大きなストレスであり健康にも悪い影響を与えます。そこで、自分が持つ能力や社会資源を生かして、喪失を補ったり代替したりするものを見つける必要があります。

　新しい活動の例として、ボランティア、趣味のサークル、地域の活動などが挙げられます。こうした活動につながるためには、その時点で自分を支援してくれる人間関係を作る必要があります。このような社会的なつながりを**社会的コンボイ**といいます（図8.3 参照）。状況が変化する中で支援をやり取りできる仲間をどれだけ作れるかが、エリクソンの言う「**人生の統合**」を得る鍵になります。

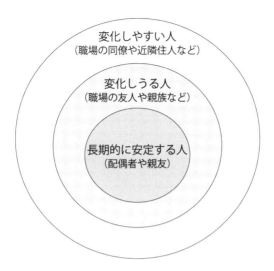

図 8.3　社会的コンボイ（野村，2014 より）

第9章　社会Ⅰ：自己と他者

　他者が個人の行動や考えに影響することを研究する領域を**社会心理学**といいます。社会心理学には、人と人との関係に注目する視点と、人々の集まりとそこで起きる現象に注目する視点があります。

　この章では、社会心理学の中から自分と他者との関係について説明します。

9.1　自己認知

(1)自己とは

　自己とは客観的にとらえた自分自身のことです。越(1995)によると、発達によって**自己意識**、**自己概念**、**自己評価**の順番で現れるとされています。自己意識は自分自身に注意を向けた状態です。自己概念は自分自身の身体的特徴、性格、能力、感情、行動などについての信念で、一般的に変わりにくいものです。自己評価は自分自身の価値、能力、適性などについて評価を行うことです。そして、自己評価の受容度を**自尊感情（自尊心）**ともいいます（工藤, 2014; 小塩, 2014）。

(2)社会的比較

　自分の判断や能力などの評価は、他者との比較からも行われます。これを**社会的比較**といいます。基本的には、自分と類似した能力や意見を持つ他者を比較する相手とします。しかし、自分より優れた人や劣った人と比較することもあります。

　まず、自分より優れた人と比較することを**上方比較**といいます。相手より上にいこうという気持ちの時に行われますが、自分の評価を下げやすいものです。一方、自分より劣った人と比較することを**下方比較**といいます。自尊感情や主観的な幸福感の低下を防ぐ効果があります。

　社会的比較のような他者との比較に加えて、優秀な他者と近い関係にあることを強調することで自尊感情を高める仕組みを、**自己評価維持モデル**といいます。優秀な他者との結びつきによって自己評価を高めることを**栄光浴**といいます。

　また、人は状況を理解するために、他者の考えや行動と比較したいと考えることがあります。アメリカの**シャクター**の実験では、不安が強い状況の時ほど、その状況について知っていそうな人と一緒にいたいと望むという結果でした。つまり、不安をまぎらわすためだけではなく、観察して自分の判断の適切さを測るために他者を求めるものと考えられます（菅原, 1991）。

（3）自己表現
1）自己開示

　他者に自分がどのような人間かという個人的な情報を伝えることを**自己開示**といいます。一般的に、自分のありのままを示す傾向にあります。また、女性の方が自己開示が多く、より内面的な内容を開示すると言われています。さらに、お互いに量や内容が同程度の自己開示をすると、2 人の関係が良くなるとされています（自己開示の返報）。

2）自己呈示

　他者にある印象を与えるために、自分のある側面だけを選んで他者に伝えることを**自己呈示**といいます。自己呈示は自己開示に含まれるものですが、他者から良い印象や報酬を得るために、より操作的に自分を伝えるものととらえられています（吉田, 1995 など）。

　自己呈示は他者に向けて行うものですが、自分自身にも影響を与えます。例えば、他者に明るく振る舞うと、自分自身でも明るいと自己評価をするようになります。この現象を**自己呈示の内在化**といいます。

3）セルフ・ハンディキャッピング

　セルフ・ハンディキャッピングとは、失敗が予想される課題に取り組む時

に、自分に不利な条件があることを主張したり、自分から不利な条件を作り出したりすることです。例えば、試験前に長時間のアルバイトをして、勉強する時間を取れないようにするという行為です。

　もし課題に失敗した場合は、主張や実行をしたハンディキャップ（不利な条件）のせいにすれば、自尊感情や他者評価が低下しません。仮に成功した場合は、不利な条件をはねのけて成功したということになって、自他の評価が高まることが期待できます（鹿取他, 2015）。

9.2　対人認知

(1)対人認知とは

　他者の個人的特徴（性格、能力、意図、態度、情動など）、自分と他者の関係、他者同士の関係などを推論することを**対人認知**といいます。対人認知は他者への行動を決めるため、その人の社会的環境への適応にも影響します。

　対人認知に用いる情報は、対象から直接得られた感覚的情報（見聞きしたこと）だけではなく、第三者からの情報や過去の体験との比較なども用います。

(2)印象形成

　初対面の人物について断片的な情報（例：その人が話した内容、外見、行動、しぐさなど）が得られれば、そこからその人物についてまとまりのある全体像を作り上げます。このような対人認知を**印象形成**といいます。

1)影響が大きい情報

　アメリカの**アッシュ**(1907-1996)の実験では、ある人（仮にA氏）を紹介する性格特性のリストを2種類作りました。リスト①は「知的－器用－温かい－決断力がある－実際的な－用心深い」、リスト②は「知的－器用－冷たい－決断力がある－実際的な－用心深い」で、それぞれを別々のグループに紹介しました。

　すると、2 つのリストの内容は「温かい」と「冷たい」という 1 語しか違わないのに、リスト①を見せられたグループは A 氏を「良い人」ととらえ、リスト②を見せられたグループは A 氏を「悪い人」ととらえました。このように、印象形成に大きな影響を与える要因を**中心特性**といいます。一方、他の言葉を変えても A 氏の評価に大きな影響はありませんでした。このような要因を**周辺特性**といいます。

2) 情報の提示順

　アッシュの別の実験では、ある人物を紹介するリストとして、リスト①「知的な－勤勉な－衝動的な－批判的な－嫉妬深い」と、リスト②「嫉妬深い－批判的な－衝動的な－勤勉な－知的な」をそれぞれ提示しました。

　すると、リストの内容は同じなのに、リスト①を示された方がその人物により好意的な印象を持ちました。これは、最初に示された刺激に後の刺激が影響されたものと考えて、**初頭効果**と呼ばれました。

　一方で、リストの後に示した言葉に印象形成が影響されたという実験結果もありました。これは**親近効果**と呼ばれました。

(3) ステレオタイプ

　ステレオタイプとは紋切型ともいい、自分の周りにあるものを単純化してとらえることです。これを対人認知に用いると、他者を外見、性別、年齢、職業、人種などで分類します。これを**カテゴリー化**といいます。そして、各カテゴリーについての特徴や固定観念に当てはめて、その人物を認知します。例えば、「レイコは関西出身だから話が面白いはず」とか「アリスは北国出身だからスキーが得意なはず」という判断の仕方です。

　ステレオタイプは、自分が所属する集団（**内集団**）とそれ以外の集団（**外集団**）との差異を際立たせて、内集団の一体感を強調するために用いられることがあります。ステレオタイプ的な認知が行き過ぎて、**先入態度（バイアス）**や**偏見**につながらないように注意が必要です。

　ステレオタイプ的な対人認知の例として、次のものがあります。

1）暗黙のパーソナリティ理論

　過去の対人的経験や独自の価値観によって、ある性格特性を他の性格特性と結びつけて考えることです。「暗黙の」とあるのは、そうした認知や信念の体系を持つことを、本人から説明されることがまれだからです。

2）光背効果（ハロー効果）

　他者の特性の中に、1〜2個目立って好ましいあるいは好ましくないものがあった場合、その人の他の部分を不当に高く、あるいは低く評価してしまうことです。例えば、「彼は成績が良いから、悪いことをするはずがない」という評価の仕方です。

3）寛大効果

　他者を評価する時に、好ましい特性は高く、好ましくない特性は甘く評価する傾向です。この結果、その人の評価が全体的に寛大な方向に歪みます。

9.3　説得

(1)説得とは

　説得とは、他者の態度や行動を特定の方向に変化させようとするメッセージやコミュニケーション行動です。

　説得が成功するためには、**送り手（情報源）の信憑性**が必要です。信憑性はその話が確かで信用できる度合で、専門性と信頼性からできています。専門性は、説得内容について正確な知識を持っていることです。信頼性は、知っている内容を偏りなく伝えてくれているということです。

　なお、信憑性が低くても、説得から時間が経つと、送り手が誰だったかと説得内容が切り離されて、説得内容だけが記憶に残って説得の効果が高まる**スリーパー効果**が生じるとも言われています。

　また、受け手の不安や恐怖をあおり、それを避ける方法を伝えると、説得効果があるともされています（鹿取他, 2015）。

　さらに、他者同士の説得を聞いた第三者が、その話の内容に影響されることがあります。これを**漏れ聞き効果**といいます。

(2)認知的不協和

　ある人や物、事象などについての認知（見方）は、自分が前から持っている知識や態度と一致している（協和）状態が望ましいとされます。もし自分が持つ知識と一致しない（不協和）情報や状況に触れると、不快感や緊張が生じます。このため、不協和を解消するために、自分の態度や行動を変えたり、新しい情報を避けたりします。

　人は、自分の中の複数の認知や信念の間で整合性が得られるように、自分の考えや行動を変えようとする可能性に注目する必要があります。

(3)説得の技術
1)良い話と悪い話の使い分け

　受け手に良い面だけを伝える説得方法を**一面提示**といいます。一方、受け手に良い面と悪い面の両方を伝える説得方法を**両面（二面）提示**といいます。

　2つの方法を比較すると、一面提示の方が伝えたいことが明確です。両面提示は、押しつけに聞こえず、自分と反対意見の受け手や、知識や情報を多く持っている受け手に有効とされています。さらに、両面提示は、後で反対意見に接する可能性がある受け手に行うと、後で伝えられる情報に「免疫」がついて、反対意見による説得に応じにくくなるとされています(接種理論)。

2)段階的な説得
①フット・イン・ザ・ドア・テクニック（段階的要請法）

　初めに、受けてもらいやすい小さなお願いをします。その小さなお願いを受けてもらうことで、次の大きなお願いを受けてもらえる可能性を高めようという説得技術です。

　この方法がうまくいく理由は、「自分は他人のお願いを受ける人間だ」という自己認知を生んだためとか、1番目のお願いを受けたのに2番目のお願い

を受けないと認知的不協和が起きるためなどとされています。

②ドア・イン・ザ・フェイス・テクニック（譲歩的要請法）

　初めに、わざと無理のある大きなお願いをします。そして、断られた後にそれよりは小さなお願いをする説得技術です。

　この方法がうまくいく理由は、相互譲歩、自己呈示、罪悪感とされています。相互譲歩とは、送り手が初めのお願いを取り下げる譲歩をしたのだから、受け手も次のお願いは引き受ける譲歩をしなければいけないと考えるということです。自己呈示とは、送り手に良く思われたいために、後の要請は引き受けるということです。罪悪感とは、一度断ったことを悪く思っているので、後のお願いは引き受けて罪滅ぼしをするということです。

③ロー・ボール・テクニック（受諾先取要請法）

　偽りの特典を示してお願いを引き受けさせた後で、何か理由をつけてその特典を取り消して、特典なしの条件で引き受けさせようという説得技術です。

　この方法がうまくいく理由は、一度受諾したという事実（コミットメント）や、約束は守らないといけないという義務感が働くためとされています。

(4)説得が失敗する要因

　同意を求める周囲の圧力が大きくて自由が制限されたと感じると、態度の自由を守るために説得を拒否することがあります。これを**心理的リアクタンス**といいます。リアクタンスを防ぐためには、必要以上に圧力をかけずに、相手の意思決定を尊重することが必要です。

　また、嫌いな人や自分とは立場（例：考え方、経済力など）が異なる送り手の説得には同意しがたいと考えられます。これは、**認知的不協和**で説明されます。このため説得は、受け手が好意を持っている人や、似たような考え方をする人が行う方が効果的と考えられます。

9.4 他者との親密な関係

(1)対人魅力

　人が他者に魅力や好意を感じることを**対人魅力**といいます。対人魅力は、友人関係、恋愛関係、仕事上の関係など、様々な対人関係が作られることに影響します。ここでは、対人魅力が増す要因を紹介します。

(2)近接性：近くにいると好きになる

　他者との物理的な距離が近いことは、対人関係の初期には好意を持つ理由になります。例えば、教室の座席や自宅が近いから仲良くなることがあります（第8章の児童期の友人関係参照）。距離の近さはやり取りの頻度を高めるため、自己開示やサポートし合う機会などが増えるものと考えられます。

　接触の頻度が多いほど、その対象への親近感が増すことを**単純接触効果**といいます。単純接触効果は、人だけではなく、映像、文字、音楽などへの好意にも影響します。

(3)外見的魅力：見た目が良いと好かれる

　容貌、体型、身につけているものなどの外見は、他者への第一印象に大きな影響を与えます。一般に、外見の良さによって好意が増すと考えられています。しかし、外見的魅力があると対人魅力が上がるという単純な関係ではないようです。例えば、他者から外見的魅力を評価されるよりも、自分で自分の外見的魅力を評価している方が、他者からの評価が高まるという見解があります。これは、他者に自信を持って接するためではないかと考えられています（唐沢, 2019）。また、交際中のカップルは、両方の外見が似ているという魅力のつり合い仮説などもあります。

(4)類似性：似た人を好きになる

　考え方（意見や価値観）や社会的地位（出自や経歴）などが一致する方が魅力や好意が高まるとされています（第8章の児童期の友人関係参照）。似た

もの同士で付き合うと、相手からのサポートが得やすい利点や、関係維持に必要なコストが少ないからとされています。これを**類似性**といいます。

　一方で、自分にはない特徴を持っている他者との関係形成が促進されるという考え方もあります。お互いが持つ異なる能力や性格などを補い合うことで、欲求を満足できる可能性が高まるからです。これを**相補性**といいます。

(5)好意の返報性：お返しがもらえると好きになる

　自分に好意を示してくれたり良い評価をしてくれたりする人には好意を持つようになります。反対に、嫌われていたり悪い評価をしたりする人は嫌いになります。これを**好意の返報性**といいます。つまり、好意は一方的ではなく、双方向的であると強まります。

　クラークとミルズによると、親密な他者との関係は、自分への見返りに関係なく相手の希望に答えて利益を提供する**共同的関係**であるとされています。これに対し、親密ではない他者との関係は、相手から過去に利益を受けていたりこれから受けられる見込みがあったりする場合に、そのお返しとして利益を提供する**交換的関係**とされています。

　つまり、関係が深まると、お返しなしでも相手を支援することがあると考えます。そして、親密な関係を経験すると、見知らぬ相手に援助するような**向社会的行動**にも影響するとされています（相馬, 2014）。

(6)その他の要因
1)錯誤帰属

　好きな相手を前にすると、胸がドキドキすることがあります。このドキドキという生理現象は、テーマパークのアトラクション、恐怖映画の鑑賞、スポーツでの興奮と同種のものです。ですから、このような体験をする場に一緒にいる人には好意を感じるようになるかもしれません。このように、**生理的覚醒**と好意が混同されることがあります。これを検証した研究に**つり橋効果**の実験があります。

┌───┐
【錯誤帰属の例】つり橋効果の実験

　不安定なつり橋と頑丈な橋のそれぞれの中央に同じ女性を立たせておいて、橋を渡ってきた男性と話をした後に電話番号を書いたメモを渡しました。この結果、頑丈な橋では男性の 12％が、つり橋では男性の半数が、それぞれその番号に電話をかけてきました。

　これは、つり橋という不安定な場所にドキドキしていることと、その場にいる女性にドキドキしていることを混同したためと考えられます。
└───┘

2）反対されると好きになる

　9.3節で説明した**心理的リアクタンス**が対人魅力に影響する例として、**ロミオとジュリエット効果**があります。これは親など周囲の関係者が自分たちの交際に反対していると感じるほど、2 人の恋愛感情が高まる現象です。ただし、関係の継続には効果がないという見解もあります（相馬, 2014）。

3）接近的コミットメントと回避的コミットメント

　接近的コミットメントとは、喜びや楽しみなど自分にとって良いものが得られるからという、前向きな理由で関係を継続しようすることです。一方、**回避的コミットメント**とは、関係を解消しようとすると面倒なことになるからという、後ろ向きの理由で関係を継続しようとすることです。

┌───┐
【心理学で考える恋愛とは】

　藤原(1995)は、恋愛（romantic love）を「性的に魅力を感じる対象への肯定的な感情」と定義します。そして、恋愛には、情動性、楽しさ、苦悩、強烈な生理的覚醒を伴うとしています。さらに、好意（liking）との違いを次のように説明しています。
- 恋愛にはファンタジーが重要。好意は現実的。
- 好意は時間が経つほど増すが、恋愛は時間が経つと弱まる。
- 恋愛は正と負の感情を含む（例：好きなのに不安になる）。好意は正の感情のみ。

　また、デビス(1985)が、恋愛とは友情に「情熱（相手への魅惑、性的欲求、独占欲）」と「配慮（相手への擁護や献身）」が加わったものとしたことを紹介しています。
└───┘

第10章 社会Ⅱ：集団

　人は1人では生きていけません。育ちの中で、家族、学校、地域、職場など複数の集団に所属して、その成員とやり取りをしたり、影響を与えたり与えられたりしながら行動や態度を決めています。この章では、社会心理学の中から集団に関係することをみていきます。

10.1 集団とは

(1)集団とは
　集団とは、単純に人が集まっているだけではありません。目的を持って、そのために成員（メンバー）がやり取りをして、共通の決まり事（規範）を持って、それぞれに役割がある集まりのことをいいます。自分が所属している集団を**内集団**、所属していない集団を**外集団**といい、集団の内と外を分ける境界が存在します。

　集団は、不特定多数の人々が共通の動因や興味・関心のために、偶然に集まった**群集**（**群衆**）とは区別されます。

(2)集団規模
　集団の成員数（**集団規模**）は、その集団の機能を決める重要な要因の1つです。集団は最低2人から生まれます。成員数が多くなり規模が大きくなると、いくつかの問題が起きるとされています（吉森, 1995a）。

　　①意見の多様性が増すが、1人あたりのアイデアは減少する。
　　②集団活動に参加する動機や、積極的に参加する成員数が減少する。
　　③少数の成員だけが積極的で、それ以外は類似した消極的な行動になる。

　ある程度大きくなった集団をまとめるためには、有能なリーダーの存在が

必要になります。

（3）集団をまとめるもの

　ある集団がどの程度まとまっているかを示すものを**集団凝集性**といいます。成員が集団に魅力を感じて、その中に留まろうとするほど、集団凝集性が高くなります。

　集団凝集性が高まる条件には、次のものが挙げられています（吉森, 1995b）。

①成員の要求を満足させられる。
②集団内での成員の地位が保障されている。
③集団内に協力関係がある。
④集団内で自由にやり取りできる。
⑤集団の目標達成の方法が明確である。
⑥集団が大きすぎない。
⑦成員がお互いに似ている。
⑧成員に運命共同体という意識がある。
⑨その集団にいることを社会的に高く評価されている、あるいは外から攻撃を受けている。

10.2　集団に従う

（1）同調

　意見、判断、行動などが他者と違う場合に、他者に合わせて自分の意見、判断、行動などを変化させることを**同調**といいます。例えば、ラーメンを食べたいと思っていても、他の人たちがカレーを食べたいと言えば、それに合わせるということです。成員が多数の意見や集団内の決まり事（**集団規範**）に同調することによって、**集団の斉一性**が得られます。

　同調についての有名な研究に**アッシュ**の実験があります。この実験では、用紙 A に描かれた線分と同じものを、用紙 B の 3 本の線分（1,2,3）の中から選ぶという簡単な課題を行わせました（図 10.1 参照）。

　8人を集めて同時に解答させましたが、そのうちの7名はわざと間違った選択をするようにあらかじめ頼まれた実験協力者（サクラ）で、本当に考えて解答する人は1人だけでした。この問題は、1人で行うとほぼ100%の正解率でした。しかし、サクラを混ぜた集団で行い、サクラが全員解答してから解答させると、平均して32%の誤答が発生し、参加者の74%が1回は誤答をしました。つまり、他の人たちが一致して自分と違う判断をしたために、それに同調したと考えられます。

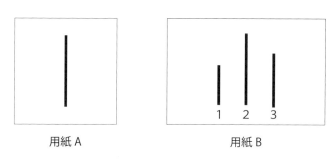

用紙A　　　　　　　　　　　用紙B

図10.1　アッシュの実験で用いられた線分（例）

　この実験をサクラの人数を変えて行ったところ、3名から誤答率（同調する割合）が跳ね上がり、4名が最大でそれ以上人数を増やしても大きな差はありませんでした。また、サクラたちの中に、1人でも正しい解答をする人がいると、同調する割合が大きく減少しました（安藤, 1994）。

　このように、他の人達が一致して明らかな間違いをしていると、それに合わせなければいけないと感じますが、1人でも多数派と違う判断をする人がいると、自分の意見を主張する勇気が出るものと考えられます。

（2）集団圧力

　集団の中に1人だけ意見が異なる逸脱者がいると、他のメンバーはその逸脱者に集中してコミュニケーションを取って、自分たちと同じ意見に変わるように働きかけるようになります。これを**斉一性の圧力**といいます。

　シャクターの実験では、一般の実験参加者たちとともに、異なる役割をす

る 3 人のサクラをあらかじめ用意して、集団討論を行いました。

サクラ①：皆と同じ意見を言い続ける。
サクラ②：途中までは皆の意見に反対するが、途中から賛成に変わる。
サクラ③：最後まで皆と反対の意見を言う。

　実験の結果は、実験参加者たちは、サクラ①および②に比べてサクラ③への働きかけの量が多く、自分たちの意見に賛成するように説得を続けました。しかし、サクラ③はどんな説得にも応じないので、参加者たちは途中からサクラ③への働きかけを減らしました。そして、討論終了後のグループ内の役員選出では、サクラ③に重要な役割を与えませんでした（岩下, 1985）。
　このように、斉一性の圧力では、説得に応じないメンバーに無視、批判、いじめなどの攻撃により逸脱への社会的制裁を行って、集団に同調させます。

（3）同調の種類

　ケルマンによると、同調には 3 種類あります（安藤, 1994; 廣兼, 1995a）。

1）**追従**：表面的には行動を一致させるけれども、内心では他者の意見を受け入れていません。表面的同調、強制的同調ともいいます。
2）**同一化（同一視）**：他者や集団内に魅力を感じて同じようになりたいと思うために、その意見や判断を受け入れることです。
3）**内面化**：他者や集団の意見や判断に心から納得して、自分の意見や判断を変えることです。

　また、同調を行う動機づけには、他者や集団との関係維持や賞罰のために行う**規範的影響**と、自分の意見や判断を正確なものにするために他者や集団の意見や判断を基準にする**情報的影響**があります。
　一方で、他者や集団に同調しない人もいます。先述のアッシュの実験でも20％以上の人が同調しませんでした。同調しないことを**非同調**といい、意見や判断を全く変えない**独立**と、反対の方向に変化させる**反同調**があります。
　多数派に従わない少数派が、多数派の意見、判断、行動などを変化させる

こともあります。これを**マイノリティ・インフルエンス**といい、あらかじめ
多数派からの信頼や承認を得てから集団内に新しいものを取り入れるホランド
の方略と、少数派が意見や行動を一貫して変えないことで多数派の信念を
揺るがすモスコビッチの方略があります。

10.3　集団から受ける影響

(1)社会的促進

　個人が課題に取り組む時に、他者が存在することで成績が向上することを
社会的促進といいます。その場で見られていることで作業が進む**観察者効果**
（観客効果）と、同じ課題を並行して行う他者がいることで作業が進む**共行
動効果**があります。

　一方で、他者が存在するためにかえって課題への取り組みが進まないこと
もあります。これを**社会的抑制**といいます。他者の存在が課題への取り組み
に影響を与える理由は、次のように考えられています。

　まず、他者がそばにいるだけで個人の**動因**（第6章参照）が高まり、反応
が起きる可能性が高まると考えられます。慣れている課題は取り組みが促進
され、不慣れな課題は抑制されます。また、他者にどのように評価されるか
が気になって作業が進むとも考えられます。さらに、他者の存在で自分を客
観視できるためとか、他者から良いように見られたいという自己呈示のため
という考えもあります。

(2)社会的手抜き

　課題を他者と一緒に行う場合に、個人で作業をする場合よりも1人あたり
の努力量が減少することを**社会的手抜き**といいます。リンゲルマンの綱引き
実験では、集団の人数が増えるほど、1人あたりの仕事量が下がりました。

　社会的手抜きが起きる理由は、多数の力を合わせて1つの作業を行う場合、
1人ひとりの努力量が認識されないこと（評価を得にくい）、手を抜いても見
つかりにくいために責任感が低下すること、最小の努力で集団の利益を分け

てもらおうとすること（ただ乗り）などが考えられています。

【社会的手抜きの例①】ラタネらの実験

　作業中に隣の部屋から助けを求める声が聞こえてくるという状況を設定しました。そして、実験参加者を次の 4 種類の条件に分けて、隣室に助けに行くか、行くまでにどのくらいの時間がかかるかを比較しました。

　①単独条件：実験参加者が 1 人で参加
　②サクラ条件：事態に終始無関心のサクラと 2 人で参加
　③友人条件：友人同士の 2 人が参加
　④赤の他人条件：見知らぬ同士の 2 人で参加

　この結果、部屋に 1 人しかいない場合には、2 人いるどの条件よりも助けに行きました。そして、2 人以上いる条件の中でも、特にサクラ条件の時に助けに行きませんでした。

【社会的手抜きの例②】キティ・ジェノビーズ事件

　1964 年にニューヨークで起きた事件で、住宅地で帰宅途中の女性（キティ・ジェノビーズ）が暴漢に襲われて、30 分にわたり暴行された上で殺されました。
　警察の調査で、近隣住民 38 人が悲鳴を聞いて現場が見下ろせる窓辺に駆け寄っていたことがわかりました。つまり、事件を認知していたにもかかわらず、誰一人として助けに行くことも、警察に通報することさえせずに、ただ事態を傍観していました。

　アメリカのラタネ(1937-)らは、この 2 つの例のように、関わる人が多くなると、個人の責任感が希薄になって、仕事や援助行動が抑えられる可能性があると指摘しました。このような現象を**傍観者効果**ともいいます。

(3)集団決定
1)集団思考

　課題を集団で思考すると、各成員が持つ異なる知識や経験が集まるため、個人で思考するよりも結果の質や量が高まり、成員が他の成員の思考法を学べるという利点があるのではないかと考えられます。
　しかし、集団凝集性が高い、他からの影響を受けにくい、リーダーが専制

的などの特徴を持つ集団では、全員一致の結論を求めるあまりに、客観的な判断ができずに間違った判断を下してしまうという危険性も指摘されています。こうした集団思考の結果、次のような問題が起きるとされています（安藤, 1994）。

①過度に楽観的
②過去の決定を正当化する
③集団規範には従うが、倫理的、道徳的な問題は避ける
④相手を悪者とみなす
⑤異議は歓迎されず口にしなくなる

2）集団分極化

　集団で行う意思決定は、個々人が独立して行う決定と比べて、次の2つの方向に結論が偏る傾向があるとされています。1つは、リスクを冒す方向に結論が偏る**リスキー・シフト**、もう1つは、個々人の決定よりも保守的な方向に結論が偏る**コーシャス・シフト**です。このように、決定が極端になることを**集団分極化**（**集団極性化**）といいます。

3）匿名性

　多数の人たちの中に隠れて、行動の主体がわからなくなることを**匿名化**といいます。不特定多数の人々が突然に集まって、漠然とした一体感を持つ**群集**の中で起きやすいものです。その場合、群集の中の1人ひとりが自分の主体性を失う**没個性化**が起きます。

　この結果、行動が抑制されにくくなり、興奮や不安の高まりから、攻撃的・非合理的な行動が取られることがあります。

　例えば、生徒役が間違えると先生役が罰を与える実験で、先生役に覆面をかぶせて生徒役から正体をわからなくすると、より強烈な罰を与えるようになりました。

　また、顔や本名を出さないで発言できるインターネット上では、対面よりも攻撃的な発言がされやすいことがあります。

10.4 集団内の役割

(1)社会的役割

　仕事上の役割、家庭での役割、友達関係での役割など、それぞれの対人関係の中で担う個人の立場を**社会的役割**といいます。人はこの社会的役割を通して他者や集団と関わって、それぞれに期待される振る舞いをします。

　社会的役割は、幼少期の**観察学習**や親との**同一化**などから身についていきます。例えば、その文化で男女それぞれのふさわしい生き方を身につける性役割の学習があります。

【社会的役割の例】囚人と看守実験

　アメリカのジンバルド(1933-)による実験では、学生をランダムに囚人役と看守役に分けました。囚人役の学生は、逮捕されて監獄に入れられます。看守役の学生は、囚人役を番号で呼び、鍵と手錠と警棒で管理します。この模擬監獄を何日も行っているうちに、囚人役は卑屈になり、看守役は威張って囚人役をいじめるようになりました。

　このように、人は与えられた役割に沿って行動することがあります。

---

(2)役割葛藤

　一般に、個人は集団や社会の中で、同時に複数の役割を取ります。例えば、ある女性は、家庭の中で配偶者との夫婦関係や子どもとの親子関係、職場で上司であり部下であり同僚であるというように、様々な地位に立ちそれにふさわしい行動を求められます。このような様々な役割の間で期待される行動が対立する場合、個人はどの役割を選ぶかで悩みます。これを**役割葛藤**といいます。

　また、役割葛藤が個人にストレスをもたらすことを**役割緊張**、与えられた時間内にこなせないくらいの多くの役割を持つことを**役割過重**といいます。一般に、役割荷重はストレスや役割緊張をもたらしますが、役割への心理的満足度が高い場合にはストレスを感じないこともあります（松崎, 1995b）。

(3)リーダーシップ

　集団がある程度大きくなると、自然発生的あるいは意図的に集団を指導する立場に置かれる人が生まれます。そして、他の成員に影響を与え始めます。このような存在を**リーダー**といい、その影響の与え方、集団の目標達成、集団の維持のための働きを、**リーダーシップ**といいます。

　初期の研究では、リーダーになる人は他の成員と比べて優れた特性を持っていると考えられて、リーダーに共通してみられる特性が分析されました。その後、リーダーの行動のとり方に加えて、リーダーと成員の関係、集団が置かれている状況などによって、効果的なリーダーシップが異なると考えられるようになりました。

　リーダーシップの機能を説明する有力な理論に、**三隅二不二**(1924-2002)による **PM理論**があります。この理論では、リーダーシップを**目標達成機能**（Performance: **P機能**）と**集団維持機能**（Maintenance: **M機能**）の2次元に分類しました。

　P機能は、集団に知識や技能を指導したり、方向性を示したり、目標達成度合いを吟味したりしながら、意思決定をする機能です。一方、M機能は、集団内の緊張や対立の緩和や、成員1人ひとりのケアを行い、**集団凝集性**を維持する機能です。

　集団の生産性と成員の満足度は、P機能とM機能の両方が高いPM型のリーダーのもとで最も高く、両方低いpm型で最も低いとされています。

10.5　コミュニケーション

(1)コミュニケーションの種類

　コミュニケーションとは、情報やメッセージが送り手と受け手との間で伝達されることをいいます。コミュニケーションは次のように分類することができます。

　コミュニケーションの機能には、目標達成の手段である**道具的コミュニケーション**と、コミュニケーションそのものが目的となる**自己完結的コミュニ**

ケーション（例：緊張解消）があります。次に、メッセージの種類によって、
言語的コミュニケーションと**非言語的コミュニケーション**があります。前者
は話の内容で、後者は話の仕方で言葉を使わずに相手に情報が伝わります。
そして、メッセージの伝達の仕組みであるチャネルには、個人間で行われる
パーソナル・コミュニケーションと、新聞・テレビ・ラジオなどのメディア
による**マス・コミュニケーション**があります。前者はフィードバックが可能
な双方向的コミュニケーションで、後者はフィードバックが難しい一方向的
コミュニケーションとされます（磯崎, 1995）。

（2）コミュニケーション構造

　集団内のコミュニケーションの構造がどのようになっているかによって、
成員間の情報交換のスムーズさ、集団の生産性、成員の満足感などが変わり、
集団のまとまりにも影響を与えます。

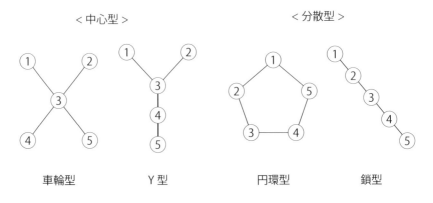

図10.2　リーベットによるコミュニケーションの構造

　リービット(1951)では、集団のコミュニケーション構造を中心型と分散型
に分類しました（図 10.2 参照）。中心型は、車輪型やＹ型のように特定の人
（図では 3）にコミュニケーションが集中します。一方分散型は、円環型や
鎖型のように特定の人に集中することがありません。それぞれの型の長所と
短所は次の通りです。

　車輪型やＹ型は、成員の役割が分化されて、コミュニケーションが集中する人がリーダーになって作業の組織化が進みます。この結果、問題解決には最も適しています。しかし、この型の成員の満足度は高くありませんでした。一方、円環型では役割分化が進まず、問題解決には適していませんが、成員の満足度は最も高くなりました。

　ショーによると、中心型で作業が速いのは単純な課題で、複雑な課題は円環型の方が速いとしています。

(3)流言

　流言とは、集団の中で情報内容の事実関係を確かめることなく、人から人へ連鎖的に広がるコミュニケーションです。噂とも言われますが、両者を区別することもあります。木下(1977)によると、噂は「お互いに面識がある人々の間で交わされる、非常に身近な事件あるいは人物についての推測や憶測を交えた意味づけ・解釈」のことです。一方、流言は「直接的な人間関係の障壁を乗り越えて、共通の利害を持つ不特定多数の人々によって支持される、人物あるいは事件に対する意味づけ・解釈・情報」とされています。

　流言と似た言葉に**デマ**がありますが、こちらは明確に区別されます。デマは、「ありもしないことを、ある目的のために故意に言いふらし煽動して、自己のためにする政治的宣伝」と定義されます。一方、流言は意識的な悪意はなく発生します（今西, 1995）。

　流言が発生する条件は、①「話題となるテーマに興味・関心がある」、②「情報があいまい」、③「不安が強い」、④「流言に敏感な性格」、⑤「批判能力に欠ける」という５つが挙げられています（木下, 1977）。オールポートは、流言発生の２大条件として、テーマの重要性(i)と事実のあいまいさ(a)を挙げて、「流言の大きさ（R）は i×a に比例する」としました。つまり、重要性あるいはあいまいさのどちらかが０であるテーマは、流言が起きないということになります。

　流言が伝わる条件として、流言集団（流言に関心がある人達）が存在することが挙げられて、その中での親しい人間関係によって伝わるとされていま

す。木下(1977)では、流言を聞いた相手は、近所の人、同僚、親類など顔見
知りが多く、そこからの**口コミ**で情報が伝達されていました。

第11章 臨床心理学

　臨床心理学では様々な理論に基づいて、援助を求める人の状況に合わせた支援方法を選びます。この章では、臨床心理学の活動の基本と、代表的な理論および技法を説明します。

11.1 臨床心理学とは

(1)臨床心理学の活動の基本

　臨床心理学は、障害や不適応行動、悩みなどの理解と解決を取り扱います。基本的には個人の性格や行動の変容を目指します。そして、問題の査定だけでなく、援助という実践活動が重視されます。

　臨床心理学は、異常心理学、アセスメント、介入という3種類の活動から成り立っていると考えられます。

1)異常心理学

　正常から極端に偏っている人や、正常者の一時的な異常現象を研究します。研究の目的は、「正常」とは何かを探求するために、「異常」とはどのような状況で、何が原因なのかを探り、正常と異常の境界を見出すことにあります。異常の見方は後で紹介する学派によって様々です。

2)アセスメント

　援助に必要な情報を集めることです。「誰が」「何に」「いつから」「どのように」「どのような時に」困っているかということを明確にして、支援の方法を決めていきます。その方法には、面接法、観察法、検査法があります。

①面接法

　援助者（**セラピスト**）が相談に来た人（**クライエント**）と対面で話し合い、

話の内容や面接時の様子から、援助に必要な情報を得る方法です。得られる情報は、話の内容（言語的メッセージ）だけではなく、話の伝え方（非言語的メッセージ）にもあります。

②観察法

クライエントのありのままの行動を観察、記録、分析して、その行動の質的・量的な特徴や法則性を解明する方法です。例えば、援助対象の児童生徒が通う学校を訪問して、授業や休み時間の行動の様子を観察します。

③検査法

あらかじめ用意された課題を与えて、それをどのくらい遂行できたかという結果から、援助に必要な情報を得ようとする方法です。検査の種類は、知能検査、パーソナリティ検査、神経心理学検査などがあります。

知能検査は、知的機能を測定し知能指数（IQ）などを算出します。**パーソナリティ検査**は、個人の性格特性、欲求、興味、態度、情緒、社会的適応などを多面的に測定します（第 2 章参照）。**神経心理学検査**は、脳の機能を検査することで、記憶、言語、認知などの心理機能の障害を検出します。

なお、アセスメントの結果、より適切な援助を受けられる他の援助機関があれば、そこを紹介すること（**リファー**）も重要な援助方法になります。

3）心理療法

心理臨床活動の中核で、アセスメントの結果をもとに様々な介入を行います。クライエントのニーズや援助機関の施設および人員の規模などでいくらかの違いは見られますが、おおむね次のような契約の中で行われます。

①**面接の頻度と時間**：多くの場合、週 1 回 30〜60 分の時間で行います。原則として、約束の時間外に会ったり電話で対応したりはしません。

②**対応場所**：特殊な事情がなければ、決まった面接室内でのみ対応します。

③**1 対 1 対応**：原則として、クライエントとセラピストのみで会い、お互いの同意がなく他の人が入ってくることはありません。

以上のような取り決めを**治療枠**といいます。これは、クライエントとセラピストが、ともに安心して話が出来るようにする工夫です。

　ただし、入院中、急性期、緊急の介入などの場合は、柔軟に対応します。例えば、不登校などで家の外に出られない場合には家庭訪問をします。さらに、状況が好転してフォローアップの期間になれば、面接の頻度を減らすこともあります。

11.2　臨床心理学の代表的な学派

(1)精神分析学
1)概要
　オーストリアの精神科医**フロイト**が提唱した考え方で、人の心を**意識、前意識、無意識**の3領域に分けました。
　意識は、自分で気づいている領域です。前意識は、現時点では気づいていないけれども、努力すると意識化できる領域です。無意識は、抑圧されていて意識化しようとしてもしにくい領域で、意識よりも大きいと考えました。
　そして、心的装置として心の中に、**イド（エス）、自我、超自我**があると想定しました。イドは無意識に存在します。一方、自我と超自我は、無意識と意識に存在して、自我の大部分は意識的に働きます（図11.1 参照）。

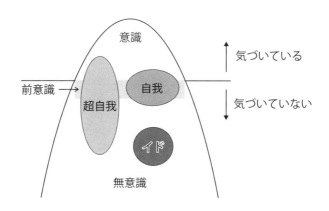

図11.1　心的装置のイメージ

イドからの欲求や衝動は、超自我の判断や自我の調整によって、意識に受け入れられたり無意識に抑圧されて気づかないようにされたりします。そして、欲求は抑圧し続けたり、代わりの対処方法（**防衛機制**）で処理されたりします。ところが、そうした抑圧や調整に失敗すると不安が生じ、様々な心理的問題の原因となると考えます。

精神分析的心理療法では、無意識に抑圧した過去の葛藤・記憶・感情を意識化することを目指します。そして、それらを取り去ることでパーソナリティの変容を起こそうとします。基本的に言葉のやり取りを用いて介入します。

2）技法
①自由連想法

精神分析的心理療法の最も基本的な技法です。クライエントが椅子や寝椅子に座って、頭に浮かぶ全てのことを批判や選択することなしにそのまま言葉にしていく方法です。クライエントが話す言葉とともに、語りの滑らかさ、滞り、文脈の流れなどからも心のありようを探っていきます。

②夢分析

フロイトは、夢は無意識的願望を充足するために形を変えたものであるとしました。そこで、表に出ている夢（顕現夢）を手掛かりに、無意識的な潜在内容を掘り出しました。これが夢分析です。そのために、夢を変装させている夢の仕事（圧縮、移動、視覚化）や象徴を解読していきます。

③明確化、直面化

クライエントの言葉に言葉で応答して、クライエントの曖昧な話を整理して伝えたり（明確化）、話の食い違いや本人が気づいていないことを提示（直面化）したりします。

④解釈と洞察

解釈は、セラピストがクライエントの言動の主体的意味を明らかにする分析的探求を行うことです。洞察は、クライエントが自分の問題について考えをまとめることです。解釈は洞察を助けます。

解釈と洞察によって、クライエントが、無意識の行動や感情の動きに気づ

き、それらの意味や問題への影響を吟味させることを目指します。

（2）分析心理学
1）概要
　スイスの精神科医**ユング**が提唱しました。ユングは心の構造をフロイトよりも多層的にとらえました（図11.2参照）。

　意識は社会的適応のために働くもので、中心にある自我（ego）の統制力によってまとまっていると考えました。

　意識の深層には、広大無辺の無意識の層が存在していて、2層に分かれていると考えました。上層に生育の途上で忘却・抑圧された**個人的無意識**があるとしました。下層に人類全体が共通して持っている**集合的**（普遍的）**無意識**があるとしました。

　さらに、意識と無意識を含めた心の中心を、自己（self）と呼びました。この自己が活性化すると、無意識による補償や人格の統合が進むと考えます。

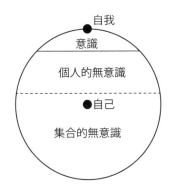

図11.2　分析心理学の心の構造（河合, 2009 より）

　無意識は、意識の働きを補償するためにメッセージを送っています。集合的無意識からのメッセージを分類してまとめたものを**元型**と呼びます。

　どの元型が現れるかは、クライエントの問題次第です。そして、元型は意識に影響を与え、イメージの源泉になるとされています。夢や空想の中に現

れたり、世界各地の神話やおとぎ話を生んだりしています（表11.1参照）。

表11.1 代表的な元型

元型名	概要
ペルソナ	社会に適応するための心の働き。社会的な役割（肩書き、服装、言葉遣いなど）で表される。
影	その人にとって認めたくない心の内容。意識しないように無意識に抑圧されている。
アニマ／アニムス	アニマは男性の心の中にある女性像。アニムスは女性の心の中にある男性像。理想の異性像に影響する。
グレートマザー	母なるものを表す。例えば、生み出す、慈しむ、包み込むなどの活動に影響する。
老賢者	父なるものを表す。例えば、倫理、権威、秩序などを示してくれる。

2）技法

　分析心理学に基づく心理療法では、意識と無意識を対話させることによって、自分の内的世界を明らかにし、心の調和を図ることを目指します。そのために、主に夢やファンタジーを素材にして、**夢分析**やイメージを利用した技法を用います。イメージの技法には、箱の中に砂とミニチュアで世界を作る**箱庭療法**や、絵画や造形を用いて表現する**芸術療法**などがあります。

（3）クライエント中心療法
1）概要

　アメリカの**ロジャーズ**が提唱しました。ロジャーズは、人間は自分の内部に、自己像（概念、理解）や行動を変える大きな資源を持っていると考えました。セラピストがクライエントの持つ資源を活かせる場を提供できれば、自然に心理的成長を遂げると考えました。また、クライエント個人の体験的世界に沿って援助を行いました。

　心の問題は、自己概念（自分の考え方）と経験が矛盾した場合に、自分の

経験を自己概念に組み込めないことによって起きると考えました。そこで、図 11.3 の左側のような状態から、右側のように自己概念と経験の一致する範囲が広がれば良いと考えます。

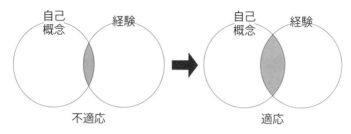

図11.3　不適応と適応（Rogers, 2005 より）

2）技法

　ロジャーズは、クライエントに接する態度を重視しました。具体的には、感情の受容と反射およびパーソナリティ変化の必要十分条件を挙げました。

①感情の受容と反射

　教示や指示をせず、クライエントを中心に話し合いを進め、感情を自由に発言させます。

　その発言を受け入れたり（例：**傾聴**）、繰り返したり（例：**おうむ返し、要約**）、クライエントの感情を反射したりすることで、クライエントの情緒的緊張を緩めます。緊張が緩むと、抑圧された感情が解放されます。すると、自分を素直に受け入れ理解することが出来るようになります。この結果、人格が変容して行動も変容すると考えます。

②パーソナリティ変化の必要十分

　ロジャーズは、クライエントのパーソナリティ変化の必要十分条件として、次の 6 条件を挙げました。

❶クライエントとセラピストに心のつながりがある

❷クライエントの体験と自己概念が不一致状態にある

❸セラピストは 2 人の関係の中で一致している（純粋性を持つ）

❹セラピストがクライエントに対して無条件の肯定的関心を向ける

❺セラピストが共感的理解を持っている

❻クライエントがセラピストの態度を知覚する

このうち❸〜❺は、セラピストの 3 条件と呼ばれ、援助の際に重視されました。例えば、傾聴は共感的理解の実践とされています。

(4)行動療法
1)概要

行動療法は、問題や症状の理解や治療に**学習理論**を適用して、行動を修正するための介入方法を総称したものです。精神分析学のように 1 人の創始者によるものではなく、例えばアメリカの**ワトソン**(1878-1958)らの研究や、それらを基礎としたイギリスの**アイゼンク**(1916-1997)や南アフリカの精神科医**ウォルピ**(1915-1998)らの実践をまとめたものを指します。

表に出る「行動」を問題ととらえて、誤って学習した非生産的・不合理な行動を抑制・除去し、新しい行動（習慣）を獲得することを目指します。

2)技法
①古典的条件づけ理論による技法
❶系統的脱感作

ウォルピによって提唱されました。不安や恐怖反応と一緒に、それらと両立しない弛緩（リラックス）状態を同時に引き起こします（脱感作）。そして、不安や恐怖で緊張状態になっている身体を弛緩させて楽にさせることで、不安や恐怖を軽減・消去しようとします。

❷エクスポージャー（曝露）法

不安階層表を作って、点数が低い条件刺激（不安を生む刺激）から順番に触れさせます。そして、初めは不安を感じるけれども、時間の経過とともに不安が和らぐことを体験させます。

②オペラント条件づけ法による技法
❶トークンエコノミー
　目標とする行動ができた時に、シールなどのトークン（代用貨幣）を与えます。トークンが所定の数貯まると、欲しいものがもらえたり、やりたいことを許可されたりします。
❷タイムアウト法
　問題行動を消失させるために、問題行動が起こる場面からクライエントを引き離すという形の罰を与える方法です。例えば、他者への攻撃行動が起こらないようにさせるために行われます。
❸シェイピング法
　目標反応が生じにくい時は、目標反応に近い、より簡単な反応から少しずつ条件づけていく方法です。

③観察学習理論による技法
❶モデリング法
　他者の行動を見せることで、クライエントの思考、態度、行動に刺激を与える方法です。
❷行動リハーサル
　面接中にセラピストとクライエントの間で、ストレス対処などの行動を実際に行ったりイメージさせたりする方法です。
❸ロールプレイ
　セラピストが通常の行動よりも有効な行動様式を提示し、クライエントにその場で実際に練習してもらう方法です。

(5)認知行動療法
1)概要
　認知行動療法は、1人の創始者による単一理論ではなく、実験心理学、認知科学、行動科学の理論や実証性に基づく様々な介入方法の総称です。認知療法からの流れと行動療法からの流れによって成り立っています。

①認知療法からの流れ

　認知療法の流れは、アメリカの精神科医**ベック**(1921-)のうつ病への取り組み、アメリカの**エリス**(1913-2007)の論理療法、**マイケンバウム**の自己教示訓練などが発展したものです。例えば、出来事（A）に対する認知（B）が感情（C）という結果を生む、という **ABC 理論**に基づいて心の問題を見ています。つまり、同じような出来事を体験しても、人によって喚起される感情は異なると考えます。これは、認知が「中核信念 → 媒介信念 → 自動思考」という階層でできていて、歪みがあるためと考えます（図 11.4 と表 11.2 参照）。

図11.4　出来事・認知・感情の関係

表11.2　認知の構造

自動思考	自動的に思い浮かび、当然のように受け入れる思考
媒介信念	条件付きのルール、思い込み
中核信念	自己評価についての絶対的なルール

②行動療法との統合

　バンデューラの**社会学習理論**は、行動療法が想定する刺激と反応との間に、個人の解釈や予期のような直接的に観察できない認知概念が入るとしました。こうした認知概念を問題の理解やアセスメントに取り入れることで、認知療法と行動療法の統合が進みました。

　認知行動療法で行動療法由来の技法を用いる場合、「行動の変化を体験することで認知に変化が生じる」という視点に立ちます。

2)技法

①セルフモニタリング

　クライエントが、自分の認知・感情・行動などを観察し、自分自身に関するデータを得て、それらを検討します。アセスメントの方法にも、変容の方法にも用います。

②認知再構成法（コラム法）

　クライエントのパターン化した自動思考を検討して、それ以外の考え方やイメージが持てるようになることを目指します。

　思考記録表（コラム表）に、①状況、②感情、③自動思考やイメージ、④根拠、⑤反証、⑥自動思考に代わる思考、⑦その結果（感情やその強さ）を書き込ませます。

③行動活性化

　行動のモニタリングによって自分の行動に肯定的な部分があることを見つけさせて、否定的な認知の確信を揺らがせることを目指します。例えば、日常活動を記録した活動記録表に、各活動の「達成感」と「喜び・楽しみ」の点数をつけさせます。

④マインドフルネス認知療法

　マインドフルネスとは、仏教から心理臨床に取り入れられた用語で、体験の中で意図せずに注意を向けることで現れる気づきを指します。マインドフルネス瞑想を用いて、思考とともに身体感覚や感情にも注意を向け、気づきを促します。

⑤メタ認知療法

　メタ認知は、もう一人の自分が自分自身の認知のスタイルを観察する感覚です。否定的な感情の持続に関係する認知スタイルを決定するうえで、重要な役割を果たすと考えられています。メタ認知療法では、認知スタイルやメタ認知的信念の修正を目指します。

(6)家族療法
1)概要

　家族療法は、家族を 1 つの単位とみなして、家族（関係）全体を対象に介入を行います。つまり、個人が示している問題や症状は、その人個人だけではなく、家族全体がうまく行っていないサインと考えます。家族療法では、問題行動や症状がある人を IP（Identified Patient）と呼び、「患者と見なされる人」ととらえます。そして、介入を通して、問題を示している個人だけではなく、家族全体を変えることで解決を目指します。

　また、ある出来事 A が原因となって B という結果が生じたという**直線的因果律**（A→B）ではなく、A と B は原因でもあり結果でもあるという**円環的因果律**（A⇄B）で物事をとらえます。

　家族療法では、①「家族成員の距離」、②「問題が上の世代から続いていないか」、③「成員それぞれの主観的真実」などに着目しながら援助を行います。

2)技法
①関係づくりのための技法

　ジョイニング：家族の言動やルールに合わせます。

　多方面への肩入れ：家族成員 1 人ずつに順番に共感的理解を示します。

②アセスメントのための技法

　ジェノグラム：3 世代くらいの家系図を作ります。

　家族イメージ法：家族に見立てた人形やシールを用紙に置いて、家族関係を図示させます。

③介入のための技法

　リフレーミング：行動、出来事、関係性などの事実は変えずに、文脈や意味づけを肯定的に言い直します。

　逆説処方：IP の問題行動をあえて禁止せずに、もっとやるようにさせます。

　問題の外在化：問題は IP や家族の中ではなく、外にあると位置づけます（例：怒りっぽい人 → イライラ虫がついている）。

(7)コミュニティ心理学
1)概要

　コミュニティ心理学は、1965年にアメリカのボストンで行われた「地域精神保健に携わる心理学者の教育に関する会議（通称ボストン会議）」から始まり、「地域社会で生活を営む人々に対する、心の問題の発生予防、心の支援、社会的能力の向上、生活環境の整備、心に関する情報の提供」を目指します。

　理念は、①「コミュニティ感覚を持つ」、②「社会的文脈で対象者をとらえる」、③「治療よりも予防を優先させる」、④「病理性よりも健康性に焦点を当てる」、⑤「専門家と非専門家が協働する」が挙げられています（高畠, 2003）。

　コミュニティ心理学では、心の問題は環境的要因と個人的要因の相互作用から起きると考えています。図11.5のように、個人Xは家族や学校など複数のコミュニティに所属しており、家族が所属するコミュニティからの間接的な影響も受けています。

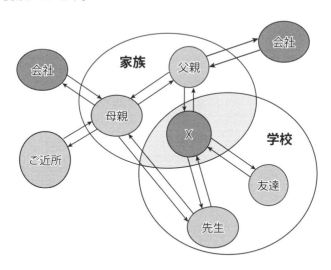

図11.5　コミュニティ心理学の対象

2)技法
①コンサルテーション
　ある問題について、様々な領域の専門家が集まって、それぞれの専門性を用いて問題をアセスメント（11.1 節参照）して、対応方法を見出していく方法です。
②ネットワークの形成
　問題がある当事者の関係者・機関が、連絡を緊密に取り合えるようにして、何かあった時にバラバラに対応するのではなく、協力し合えるようにする関係づくりのことです。
③危機介入
　何か問題が起こった際に、通常の援助手続きとは違う方法も含めて、最も効果的な介入を行い、危機状態の脱出を試みることです。例えば、児童虐待やドメスティック・バイオレンス（DV）ならば、公的機関による一時保護、大きな事件や事故に巻き込まれた学校ならば、教育委員会からスクールカウンセラーを派遣することなどが考えられます。
④予防と啓発
　問題が発生しないように、知識や対処方法を伝達する方法です。例えば、学校の授業に取り入れたり、研修会やセミナーを開催したりします。

第12章 支援者および当事者の心理

　対人支援が難しいのは、人間が相手であるからです。支援をする側と支援を受ける側それぞれの内面や、関わりの中での相互作用から、様々なことが生まれるからです。

　そこでこの章では、支援者と当事者（患者や利用者）に起こる心理的問題を説明します。これらが、それぞれの行動や態度の背景を理解する助けになればと考えます。

12.1　学びはじめ・働きはじめに起きる心理的問題

　仕事や勉強をはじめたばかりなのに、やる気が感じられない人がいることがあります。やる気がないように見える理由は様々で、怠けているとは限りません。ここでは、仕事や勉強に対してやる気がないように見える現象をいくつか紹介したいと思います。

(1)五月病
　五月病とは、せっかく入った大学や会社なのに、入って間もない5月や6月くらいにやる気を感じられない状態になってしまうことをいいます。原因は、入学や入社という目標が達成されたため、何もやることがなくなったというような喪失感を覚えていることです。一般的には一過性のものであり、時間が解決してくれることも多いようです。

　周囲は、本人がさらなる目標を見つけられるようにサポートできれば良いと思われます。5月の大型連休明けや、大学によっては5月から6月くらいにある学園祭の後に、会社や大学に出て来られなくなるケースが見られます。

そうした場合、周りが対面や電話・SNS などを使って、一声かけてあげるだけでも、次の目標を探すきっかけになるものと思われます。

(2)アパシー症候群

　アパシー症候群とは、本業から「引きこもる」状態のことで、学生ならば勉強、社会人ならば仕事をやらないことです。しかし、本業以外の趣味やサークル活動、アルバイトには積極的に参加します。このため、「なぜ本業に同じように取り組まないのか？」と疑問を持たれますが、本人は本業のことを考えると「うつ状態」になってしまいます。

　原因は、本業を怠けたいからではなく、むしろ本業の出来不出来にこだわりがあるからです。このため負けるのが怖く、やる前から逃げてしまいます。これに対して、趣味やアルバイトは余業なので気楽に行うことが出来ます。

　アパシー症候群になる人は、完全を求め、几帳面でまじめな性格をしています。このため、本業から「引きこもる」前は、評判が良いことが多いくらいです。しかし、打たれ弱いためストレスに弱く、完璧に出来ない自分が嫌で、やるべきことから逃げてしまいます。

　アパシー状態が続くと、学校ならば必要な単位をとり逃して留年や中退、職場ならば休職や退職につながることもあります。学校であれば、学科やゼミの教員や、学内の専門家（例：相談室や保健管理センターなど）に事情を話してみてください。

(3)リアリティショック

　リアリティショックは、新人や若手に起こりやすい心理的問題です。学校で専門的な教育や訓練を受けていても、現場に出ると予期せぬ苦痛や不快を伴う現実に出会います。このことがストレスとなって、身体・心理・社会的な反応が出たものです。学生でも実習中にリアリティショックが起こることがあります。

　燃え尽き症候群のように、意欲が欠けてやる気がないように見えて、行動が止まってしまいます。そして、過剰なまでに活動的になる躁的防衛を起こ

したり、アルコールなど嗜癖物に依存して現実逃避をしたり、患者や同僚に責任転嫁したりするなどの反応が起こることがあります。

(4)青い月曜日症候群

　青い月曜日症候群とは、1週間の始まりである月曜日を憂うつ（ブルー）に感じることから名付けられた問題です。具体的には、朝（特に月曜日）職場や学校に行こうとすると、吐き気や腹痛などの体調不良を起こします。原因は、職場や学校での仕事や勉強、あるいは人間関係などに過度なストレスを感じることにあります。こうしたストレスから逃れるために、体調不良という周囲から非難されにくい口実を作って、ストレスが発生する場所から逃れようとする自己防衛反応です。

(5)青い鳥症候群

　青い鳥症候群とは、メーテルリンクの戯曲「青い鳥」から名付けられた心理状態です。主人公兄妹が幸せの青い鳥を探して冒険をするように、「今の自分は本当の自分ではない」という思いから、理想を追い求めようとします。その結果、決定を先延ばしにしたり、留年や転職を繰り返したりします。原因は、理想を追い求めるために、現実を受け止めることが出来ないことにあります。

　ちなみに、「青い鳥」は冒険から帰った主人公兄妹の自宅にいました。このように、自分にとって本当に大切なものは、身近にあるのに気づいていないものなのかもしれません。

12.2　仕事を続けると起きる心理的問題

(1)燃え尽き症候群

　医師や看護師をはじめとする医療従事者、教員、介護職者などの対人支援を行う職種は、日々の業務の中で様々なストレスを受けています。そうした中で、**燃え尽き症候群**（バーンアウト・シンドローム）というメンタルヘル

ス上の問題が見られることがあります。燃え尽き症候群とは、仕事に情熱や
意欲を失い、無気力になる状態のことをいいます。おちいりやすい人には、
次のような特徴があります。

① 自分が最善と信じて打ち込んできたことが、うまくいかなくなること
　 で生じる疲弊や欲求不満を抱えている。
② 長期間にわたる対人支援の過程で、自分のエネルギーを注ぎ続けてし
　 まっている。
③ 自分がエネルギーを注いでいる対象に過剰に一体化してしまい、他の
　 ものに目を向ける余裕を失っている。

　燃え尽き症候群に陥ると、一見やる気をなくしているように見えます。し
かし、実際はやる気がないのではなく、オーバーワークのため、何かをやる
ための内的なエネルギーがなくなっている状態です。
　支援を受ける当事者の問題は常に解決するわけではありません。その場合
に、支援者側が過剰な無力感や罪悪感を持ってしまうことの積み重ねが、燃
え尽き症候群を生む原因の 1 つになります。

(2)サンドウィッチ症候群
　サンドウィッチ症候群は、ある程度のキャリアを持つ人に起こりやすい問
題です。下からは突き上げられて上からは押さえつけられるという、まるで
パンにはさまれたサンドイッチの具のような状態になります。
　例えば中間管理職になった人は、どの業種でもプレイヤーとして優秀な人
が多いはずです。しかし管理職になると、自分ができるだけではだめで、部
下ができるようになるために指導をしなければいけません。これには、管理
者（マネージャー）や教育者としてのスキルが必要になります。こうした状
況に適応できないことも、サンドウィッチ症候群の要因になります。

(3)女性が抱えやすい問題
　日本では既婚女性が仕事をしている場合、フルタイムかパートタイムかな
どの勤務体系に問わず、育児や家事労働など家庭の仕事を一手に担っている

場合がほとんどです。最近は、男性の育児への参加が推奨される場合もありますが、まだ少数派です。

　また、出産は女性しかできないため、出産と育児のためには、ある程度の期間仕事から離れなければならなくなります。すると、男性と同じように仕事ができても、キャリアの上で差がつけられてしまうという問題も起きます。

　こうした状況が、仕事か家庭かという葛藤を生み、メンタルヘルス上の悪影響が生じることが考えられます。

12.3　支援者のストレス対処方法

　これまでみてきたように、支援者も職務に関してストレスを抱えています。このため、患者や利用者だけではなく、支援者側もケアやサポートを受ける必要があります。その代表的な方法は、仕事上の工夫、心理ケア、ストレスをためないことの3点になります。

(1)仕事上の工夫
　一人に仕事が集中することを避けたり、出産や育児で一定期間職場から離れる同僚をフォローしたりするために、部署やチーム内で仕事を分担して対応することを目指します。こうした工夫を**ピア・サポート**ともいいます。

(2)心理ケア
　仕事上の工夫だけでは状況が良くならない場合には、心理面をケアするアプローチが必要になります。例えば、心理職に第11章で紹介した心理療法を依頼します。また、職場内で上司が部下に対して行うメンタリングや、仲間内で行うピア・サポートを行います。さらに、自分自身で行うセルフケアが有効なケースもあります。

　ここでは、心理職、上司、同僚、自分自身のいずれでも実施できる方法をいくつか紹介します。

1）ねぎらう

「出来ることを十分にやってきた」という言葉をかけます。ほめることは目上の者が目下の者に行うことですが、ねぎらうことは、上下関係にある者はもちろん、先輩－後輩という斜めの関係や、同輩や家族という横のつながりでも行うことが出来ます。

人は、ねぎらいを受けると勇気づけられて、力が湧いてきます。第 11 章で紹介したコミュニティ心理学では、**エンパワメント**といいます。

2）認知の変容

メンタルヘルス上の問題があると、心身の調子が悪い状態になります。心身の調子が悪いと物事を悪く考えがちで、そうするとますますメンタルヘルス上の問題が起こるという悪循環に陥ります。そこで、出来事や状況に対する認知（ものの見方）を少しでも肯定的なものにすることで、変化を起こします。例えば、第 11 章の**認知行動療法**、家族療法の**リフレーミング**、良いところ探しなどが当てはまります。

3）怒りを安全な形で表出

メンタルヘルス上の問題がある場合、内側に激しい**怒り**の感情を持っていることがあります。その怒りを感じている対象は、思い通りになってくれない同僚、当事者やその家族、そして、状況を思うように変えられない自分自身です。他者への怒りを直接的に表に出すことは、社会的に望ましい行動とはされませんので我慢します。その結果、八つ当たりや屁理屈をこねるなど不自然な形で表現されることがあります。

このため、怒りを適度に表に出すことが必要になります。しかし、感情は出し方を間違えると、相手はもちろん自分さえも傷つけてしまうことがあります。このため、第 11 章で説明した心理療法を心理職に依頼することが適当であると考えられます。

（3）ストレスを溜めないこと

　一般的に、日本人は問題が起きた時に、その原因が自分にあると考えやすいと言われています。この結果、自分を責めてしまう傾向（内的帰属）にあります。こうした傾向は、ストレスを溜めやすくなると考えられます。

　ストレスを溜めないためには、原因を自分の「外側」に求めること（外的帰属。第6章参照）が有効です。例えば、「運がなかった」とか「初めから無理だった」というように考えます。

　どうしても自分の外側に原因を求めることができない場合には、「何がいけないのか」とか「どこを改善すればよいか」というように、前向きに原因を分析します。つまり、反省することを、次にやる時にはうまくできるように努力する材料にします。

12.4　当事者の心理

　ここでは、支援を受ける当事者（患者や利用者）がどのような心理状態にあるのかを見ていきます。当事者の身になって考えることは、当事者との信頼関係づくりに効果的だからです。

（1）病気やケガによる危機

　病気やケガの苦しみは、身体的・心理的領域だけではなく、社会的な領域まで広がっていきます。例えば、病気やケガのために働けなくなると収入が減ります。さらに、療養のために出費が増えます。このため、蓄えを切り崩したり、家族や周囲に迷惑をかけたりすることになるかもしれません。こうした問題は劣等感や罪悪感を助長します。

（2）病気やケガによる主体性の喪失

　健康な時には社会や家庭で様々な役割をもち、それらの役割が自信や他者からの信頼につながります。しかし病気やケガは、本人の意思とは関係なくその役割遂行をできなくします。このことが主体性を失わせます。

　病気やケガになると、医療や介護、経済面での支援など、自分だけでは対応できないことが増えて、他者に自分を委ねなければならなくなります。

　また、支援者側は支援を効果的なものにするために、当事者の日常生活を制限します。この制限は当事者の利益のために行うことですが、当事者側は自分のやりたいことを禁じられた（主体性を制限された）と感じることもあります。これは重篤度によって程度が広がります。

　例えば、身体の調子が悪くても医者にかかるのを嫌がるのは、診察の結果、仕事や食生活、嗜好品などを制限されること、つまり自分の意思決定の範囲を狭められることが嫌だという心理状態にあるのかもしれません。

(3)不安について

　不安は、将来の脅威を予期して起きるものです。死に至るほど重篤ではない病気やケガであっても、なかなか完治しなかったり後遺症が残ったりすると、緊張が増大して情緒的混乱が激しくなります。これが不安や恐怖を招きます。

　このような不安の解消には、自分の病気やケガについて正確な情報を得ることが重要です。正しい情報があると、必要以上に恐れずにすむようになります。ただ、病気やケガは自分にとって不都合なものなので、真実に目を向けるためには勇気がいるものです。そこで、支援者は当事者の様子をよく観察して、相手に合わせて伝え方を吟味する必要があります。

(4)主体性の喪失や不安を肯定的にとらえる

　当事者が病気やケガがもたらす危機に立ち向かうエネルギーを得るために、ものの見方を変えることも支援になります。例えば、治療中に感じた主体性や責任感の喪失は、自分にとって本当に大事なものが何かを見つめなおす機会になるかもしれません。また、治療中は一時的に社会的責任を猶予されます。これをモラトリアムといい、猶予期間中に自分のことをゆっくり考えてみることで、視野が広がる可能性もあります。

　このような話はすぐに納得できるものではないかもしれませんが、支援者

側が当事者の心理状態をくみ取りながら、こういった視点を提示すると、当事者の認知の変容を助けることができるかもしれません。

12.5 当事者と支援者の関係性

　最後に、当事者と支援者という二者の関係の中で生まれる心理状態について説明して、この章のまとめにします。

　まず、当事者は支援を受ける際に**退行**（子ども返り）を起こすことがあります。例えば、成人の当事者であっても、まるで乳幼児のような振る舞いをすることがあります。退行の代表例としては、①自己中心的になる、②支援者に依存する、③攻撃的になる、などが挙げられます。

　次に、当事者は支援者を過去の重要な他者と重ねることがあります。これを**修正感情体験**といいます。過去の重要な他者とは、母親などの養育者であることが多く、当事者は支援者に対して、まるで自分の親に甘えたり口答えしたりするような態度をとることがあります。

　支援者は、そうした態度を向けられたことに、怒りや無力感を覚えたりすることもあります。その時に、修正感情体験という現象があることを知っておくと、甘えや反抗が支援者だけに向けられたものではなく、当事者の過去の重要な人物に向けたかったものだとわかり、対応が楽になります。

文献

相川充　1991　役割取得　山本多喜司監修　発達心理学用語辞典　北大路書房, p.305.

American Psychiatric Association（高橋三郎・大野裕監訳）　2014　DSM-5 精神疾患の診断・統計マニュアル　医学書院

安藤清志　1994　同調　重野純編　キーワードコレクション心理学　新曜社, pp.346-349.

Bruner, J. S. & Minturn, A. L.　1995　Perceptual identification and perceptual organization. *Journal of General Psychology,* 53, 21-28.

Ebbinghaus, H.（宇津木保訳）　1978　記憶について　誠信書房

遠藤由美　2018　社会的影響　無藤隆・森敏昭・遠藤由美・玉瀬耕治　心理学（新版）有斐閣, pp.397-420.

榎本博明　1986　人間性心理学派の性格理論　林洋一・榎本博明編著　現代心理学北大路書房, pp.79-86.

Erikson, E. H.　（仁科弥生訳）　1977　幼児期と社会　みすず書房

Fisher, G. H.　1967　Preparation of ambiguous stimulus materials. *Perception and Psychophysics*, 2, 421-422.

Frued, S.　（古沢平作訳）　1969　改訂版フロイト選集 3　続精神分析入門　日本教文社

藤井輝男　1994　感覚記憶　重野純編　キーワードコレクション心理学　新曜社, pp.194-197.

藤原武弘　1995　恋愛　小川一夫監修　改訂新版　社会心理学用語辞典　北大路書房, p.352.

深田博己　1995　両面提示　小川一夫監修　改訂新版　社会心理学用語辞典　北大路書房, p.350.

福田幸男　1991　動機づけ　福田幸男編著　新訂増補心理学　川島書店, pp.129-147.

古川聡　1991　発達　福田幸男編著　新訂増補心理学　川島書店, pp.41-59.

箱田裕司　2010　長期記憶　箱田裕司・都築誉史・川畑秀明・萩原滋　認知心理学　有斐閣, pp.119-140.

浜村良久　1994a　強化スケジュール　重野純編　キーワードコレクション心理学新曜社, pp.150-151.

浜村良久　1994b　フラストレーション　重野純編　キーワードコレクション心理学新曜社, pp.222-225.

繁多進　1987　愛着の発達（現代心理学ブックス 78）　大日本図書

原田悦子　2013　プライミング効果　藤永保監修　最新心理学事典　平凡社, pp.672-673.

原田杏子　2009　パーソナリティ障害　下山晴彦編　よくわかる臨床心理学【改訂新版】　ミネルヴァ書房, pp.88-91.

広兼孝信　1995a　社会的促進　小川一夫監修　改訂新版　社会心理学用語辞典　北大路書房, p.314.

広兼孝信　1995b　同調　小川一夫監修　改訂新版　社会心理学用語辞典　北大路書房, pp.256-257.

広兼孝信　1995c　マイノリティ・インフルエンス　小川一夫監修　改訂新版　社会心理学用語辞典　北大路書房, pp.314-315.

今西一実　1995　流言飛語　小川一夫監修　改訂新版　社会心理学用語辞典　北大路書房, pp.347-348.

漁田武雄　1991　記憶　福田幸男編著　新訂増補心理学　川島書店, pp.107-128.

磯崎三喜年　1995　コミュニケーション　小川一夫監修　改訂新版　社会心理学用語辞典　北大路書房, pp.94-95.

岩下豊彦　1985　社会心理学　川島書店

次良丸睦子・五十嵐一枝　2002　発達障害の臨床心理学　北大路書房

Jung ,C. G.（小川捷之訳）　1976　分析心理学　みすず書房

Kanizsa, G.　1976　Subjective contours. *Scientific American*, 23, 48-52.

唐沢穰　2019　対人関係　池田謙一・唐沢穰・工藤恵理子・村本由紀子　社会心理学〔補訂版〕　有斐閣, pp.161-182.

鹿取廣人・杉本敏夫・鳥居修晃編　2015　心理学［第5版］　東京大学出版会

河合隼雄（河合俊雄編）　2009　ユング心理学入門　岩波書店

木下冨雄　1977　流言　池内一編　講座社会心理学第3巻　集合現象　東京大学出版会, pp.11-86.

小林真　1997　社会性（社会的スキル）の発達　新井邦二郎編著　図でわかる発達心理学　福村出版, pp.35-46.

小林朋佳・稲垣真澄　2011　精神遅滞　母子保健情報　**63**, 16-19.

國分康孝　1990　空の巣症候群　國分康孝編　カウンセリング辞典　誠信書房, pp.98-99.

越良子　1995　自己　小川一夫監修　改訂新版　社会心理学用語辞典　北大路書房, pp.105-106.

Kretschmer, E.　（相場均訳）1971　体格と性格　文光堂

工藤恵理子　2014　自己過程　下山晴彦編集代表　誠信心理学辞典【新版】　誠信書房, pp.255-258.

黒沢幸子　2002　指導援助に役立つスクールカウンセリング・ワークブック　金子書房

真島真理　2001　親子関係とは－愛着と養育態度　川島一夫編著　図でよむ心理学　発達【改訂版】　福村出版, pp.85-94.

Maslow, A. H.（小口忠彦監訳）　1971　人間性心理学　産業能率大学出版部

松崎学　1991　向社会的行動　山本多喜司監修　発達心理学用語辞典　北大路書房, pp.94-95.

松崎学　1995a　親和動機　小川一夫監修　改訂新版　社会心理学用語辞典　北大路書房, p.180.

松崎学　1995b　役割葛藤　小川一夫監修　改訂新版　社会心理学用語辞典　北大路書房, p.332.

三隅二不二　1966　新しいリーダーシップ－集団指導の行動科学　ダイヤモンド社

光富隆　1991　向社会的道徳判断　山本多喜司監修　発達心理学用語辞典　北大路書房, p.95.

宮川治樹　1987　患者の心理　篠置昭男・中西信男・関峋一・松浦宏編著　看護のための心理学　福村出版, pp.136-149.

森和代　1997　愛着と親子関係　新井邦二郎編著　図でわかる発達心理学　福村出版, pp.35-46.

毛利伊吹　2015　認知理論パラダイム/認知行動療法　丹野義彦・石垣琢麿・毛利伊吹・佐々木淳・杉山明子　臨床心理学　有斐閣, pp.255-284.

宗方比佐子・二宮克美　1985　プロソーシャルな道徳的判断の発達　日本教育心理学会第27回発表論文集, 157-164.

中西信男　1987　人格の理論　篠置昭男・中西信男・関峋一・松浦宏編著　看護のための心理学　福村出版, pp.47-52.

中山勘次郎　2001　友だちのひろがり－友人関係の発達　川島一夫編著　図でよむ心理学　発達【改訂版】　福村出版, pp.95-106.

日本心理学会　2014　資格取得に必要な単位と科目名例　https://psych.or.jp/qualification/standard_new（2020年3月25日閲覧）

野村晴夫　2014　中高年期における発達・変化　下山晴彦編集代表　誠信心理学辞典【新版】　誠信書房, pp.218-219.

Lewin, K.（相良守次・小川隆訳）1957　パーソナリティの力学説　岩波書店

岡本浩一　1986　社会心理学ショートショート－実験でとく心の謎　新曜社

小塩真司　2014　自己と性格　下山晴彦編集代表　誠信心理学辞典【新版】　誠信書房, pp.346-348.

Rogers, C. R.（保坂亨・諸富祥彦・末武康弘訳）　2005　ロジャーズ主要著作集2　クライエント中心療法　岩崎学術出版

Rubin, E. J.　1958　Figure and ground.　in Beardslee, D. C. & Wertheimer, M. (Eds.), readings in Perception. Van Nostrand

桜井芳雄　1991　学習　福田幸男編著　新訂増補心理学　川島書店, pp.87-106.

讃岐真佐子　2004　分離－個体化過程　氏原寛・亀口憲治・成田善弘・東山紘久・山中康裕共編　心理臨床大事典　改訂版　培風館, pp.996-998.

佐々木晃　1997　遊びの発達　新井邦二郎編著　図でわかる発達心理学　福村出版, pp.47-58.

佐々木淳　2015　学習理論パラダイム/行動療法　丹野義彦・石垣琢麿・毛利伊吹・佐々木淳・杉山明子　臨床心理学　有斐閣, pp.237-254.

関崎一　1987　認知の発達　篠置昭男・中西信男・関崎一・松浦宏編著　看護のための心理学　福村出版, pp.37-41.

重野純　1994　五感（官）　重野純編　キーワードコレクション心理学　新曜社, pp.44-49.

下山晴彦編集代表　2014　誠信心理学辞典【新版】人名篇　誠信書房, pp.876-981.

相馬敏彦　2014　親密な対人関係　下山晴彦編集代表　誠信心理学辞典【新版】　誠信書房, pp.264-266.

Squire, L. R. (河内十郎訳) 1987　記憶と脳　医学書院

菅原健介　1991　個人と社会　福田幸男編著　新訂増補心理学　川島書店, pp.215-230.

杉山登志郎・高貝就・湧澤圭介　2014　自閉症スペクトラム　森則夫・杉山登志郎・岩田泰秀編著　臨床家のためのDSM-5虎の巻　日本評論社, pp.37-42.

高木秀明　1991　性格　福田幸男編著　新訂増補心理学　川島書店, pp.187-214.

高橋晃　1994　生得的動因　重野純編　キーワードコレクション心理学　新曜社, pp.210-215.

高畠克子　2003　コミュニティ心理学　下山晴彦編　よくわかる臨床心理学　ミネルヴァ書房, pp.152-155.

高尾正　1997　道徳行動の発達　新井邦二郎編著　図でわかる発達心理学　福村出版, pp.153-164.

高尾正　2001　良い子, 悪い子, 普通の子－道徳性と向社会的行動の発達－　福村出版, pp.159-170.

田中熊次郎　1975　新訂 児童集団心理学　明治図書

丹野義彦　2002　異常心理学の成立に向けて　下山晴彦・丹野義彦編　講座臨床心理学3　異常心理学I　東京大学出版会　pp.3-20.

辰野千寿　1996　系統看護学講座基礎6心理学［第5版］　医学書院

辰野千寿・高野清純・加藤隆勝・福沢周亮編　1986　多項目教育心理学辞典　教育出版

辻平治郎編　1998　5因子性格検査の理論と実際－こころをはかる5つのものさし－　北大路書房

梅田聡　2013　展望記憶　日本認知心理学会編　認知心理学ハンドブック　有斐閣, pp.140-141.

渡辺正孝　1994a　記銘と保持　重野純編　キーワードコレクション心理学　新曜社,
　　pp.172-175.

渡辺正孝　1994b　記憶の変容　重野純編　キーワードコレクション心理学　新曜社,
　　pp.184-187.

渡辺登　1999　こころの病気がわかる事典　日本実業出版社

吉田茂　1991　感覚・知覚　福田幸男編著　新訂増補心理学　川島書店, pp.61-86.

吉田寿夫　1995　自己呈示　小川一夫監修　改訂新版　社会心理学用語辞典　北大路
　　書房, pp.111-112.

吉森護　1995a　集団規模　小川一夫監修　改訂新版　社会心理学用語辞典　北大路
　　書房, pp.150-151.

吉森護　1995b　集団凝集性　小川一夫監修　改訂新版　社会心理学用語辞典　北大
　　路書房, p.151.

吉村麻奈美　2009　家族療法　下山晴彦編　2009　改訂新版よくわかる臨床心理学
　　ミネルヴァ書房, pp.162-165.

索引

スキーマ 44
スキナー 29
スキナー箱 29
ステレオタイプ 106
ストループ効果 3
ストレンジシチュエーション法.....91
スリーパー効果 107
刷り込み 74
性格 11
成功回避動機 67
生殖性 77, 99
精神分析学
.... 8, 18, 46, 74, 82, 89, 127
精緻型リハーサル 40
性的動機 61
生理学 7
生理心理学 4
生理的覚醒 111
生理的早産 89
生理的動機 61
積極性 97
接近的コミットメント 112
説得 107
絶望 78
セリグマン 32
セルフ・ハンディキャッピング...104
セルフモニタリング 135
前意識 127
宣言的記憶 41
潜在記憶 42
全体野 54
選択的注意 52
先入態度 106
想起 37
相互的接近 95
相互同調性 89
喪失 100

相補性 111
ソクラテス 6
ソシオグラム 97
ソシオマトリックス 97
ソシオメトリー 97
尊敬・共鳴 95

た

第一反抗期 94
代償行動 70
対人認知 105
対人魅力 110
体制化 41, 47
態度 14
第二の個体化 98
第二反抗期 98
対比 53
タイムアウト法 133
代理強化 35
代理母実験 90
達成動機 66
脱中心化 79
多方面への肩入れ 136
短期記憶 38, 39
探索的行動 65
単純接触効果 110
地 54
知覚 49
知覚心理学 4
知覚的警戒 52
知覚的防衛 52
知的機能 86, 126
知的障害 86, 87
知能検査 126
チャム・グループ 98
注意 35
注意欠如／多動症 87

著者略歴

橋本 和幸（はしもと かずゆき）

2000年 横浜国立大学教育学部卒業

2002年 横浜国立大学大学院教育学研究科修了

　地方自治体のスクールカウンセラー、教育相談センター教育相談嘱託員、
　了徳寺大学教養教育センター助教等を経て、

2016年 東京学芸大学大学院連合学校教育学研究科（配置大学　横浜国立大
　学）修了

現在、了徳寺大学教養部准教授　博士（教育学）

　他に、臨床心理士、公認心理師

専門は、教育心理学、臨床心理学（特に、スクールカウンセリングや学生相
談について）

近書

「専門職のための臨床心理学基礎【第2版】」（ムイスリ出版、単著）

「挫折と向き合う心理学－青年期の挫折を乗り越えるための心の作業とその
支援－」（福村出版、共編著）

「相談・指導のための面接技法」（ムイスリ出版、単著）

| 2014年5月29日 | 初　版　第1刷発行 |
| 2020年4月30日 | 第2版　第1刷発行 |

心理学ことはじめ［第2版］
― 教養と対人支援のための12章 ―

著　者　橋本和幸　©2020
発行者　橋本豪夫
発行所　ムイスリ出版株式会社

〒169-0073
東京都新宿区百人町1-12-18
Tel.03-3362-9241(代表)　Fax.03-3362-9145
振替 00110-2-102907

ISBN978-4-89641-290-1　C3011